庭園日本一
足立美術館の挑戦

足立隆則
Takanori Adachi

日本経済新聞出版

雨上がりの枯山水庭

上：茶室「環翠庵」周辺
下：春の池庭

上：夏の枯山水庭
下：夏の白砂青松庭

秋の白砂青松庭

枯山水庭の冬景色

庭園日本一　足立美術館の挑戦

目次

『庭園日本一　足立美術館の挑戦』の刊行に寄せて

吉本忠則

人生は奇なり、足立家とはよほど深い縁で結ばれているようだ。

足立美術館創立者・足立全康翁に続いて、お孫さんである足立隆則さんの自叙伝まで手伝うことになろうとは、私自身、想像だにしなかった。

隆則さんは私と同い年である。付き合いはかれこれ四十年近くに及ぶ。

生まれ育った環境は違っても、おたがい、団塊世代だけに世相の記憶はほぼ重なっている。ましてや、二人とも酒好きで、食べ物の好みまで似ているとあっては、親愛の情がわかぬはずがない。

何かの折、彼は自分の青少年時代にふれ、

「おじいさんにはずいぶんいじめられたもんですわ」

と苦々しく思い返すことがあった。

身内を顧みず、後先を考えないで、猪突猛進する全康翁が、実直で慎重派の彼の目にはなんとも身勝手で、独善的に見えたのかもしれない。

しかし、その一方で、今の自分があるのは、

「おじいさんのおかげですよ」と何度も感謝の言葉を口にした。

肉親であるがゆえの様々な葛藤に直面しながらも、彼は手足となって、全康翁の後半生を支えてきた。

もし彼が全康翁に猫かわいがりされていたら、今のような芯の強い人間にはなっていなかったかもしれない。全康翁を反面教師として、彼はぶれることなく、自分の信じる道を愚直に突き進んできた。

全康翁亡きあと、美術館の理事長、館長という要職に就いた隆則さんは、全康翁から託された文化遺産をいかにして後世に伝え残すか、また、魅力あふれる美術館であり続けるためには何をなすべきか、そのことがずっと頭から離れないようだった。その思いは年齢を重ねるにつれて、ますます強くなってきた感がある。

本書には、全康翁と過ごした幼少の頃の思い出や、青春時代、そして美術館に関わるようになってからの来し方、未来への展望がつづられている。それは自身の歩みに重ね合わせた、全康翁へのオマージュのように私には思われる。

これまで標榜してきた『日本庭園』と『近代日本画』に加えて、彼は新たに『現代日本画館』と『北大路魯山人館』をオープンさせた。それによって、美術館としての格式、魅力がいちだんと高まったことは確かだろう。

近年、足立美術館の名前は国内外を問わず、広く知られるようになった。メディアに取り上げられる機会も増えてきた。

とりわけ、二〇二四年二月、NHKスペシャル『驚異の庭園～美を追い求める　庭師たちの四季～』が全国放映され、美術館の知名度は一気に広まった。

番組では、アメリカの日本庭園専門誌の名庭ランキングで、二十数年にわたって、一位を競い合ってきた京都・桂離宮の庭と対比させながら、足立美術館の日本庭園がなぜ日本一に輝き続けているのか、その秘密が解き明かされている。

足立美術館の日本庭園は、雄大な自然と一体化した、いわば「一幅の絵画」として作庭されている。そんな日本庭園は世界に類例がないだろう。

それは絶対に手を抜くことがない、勤勉で真面目な庭師さんたちの地道な手作業の結晶にほかならないが、美術館にいち早く庭園部を創設した隆則さんの卓見、慧眼があったからこそ実現できた。

ほんものは残る、いや、ほんものしか人の胸を打たない。

全康翁の揺るぎない信念は、そっくり彼に受け継がれている。そのための努力と投資は惜しまない、というのが隆則さんの口癖でもある。

最近の彼を見ていると、全康翁に似てきたような気がする。ひたむきで一途な性格は、おじいさん譲りだろう。思い込みの激しさは一方で、不屈の闘争心を駆り立てる。それが血というものであろうか。

足立美術館はいまや、世界を代表する美術館のひとつになったように思う。ネット社会と言われる今日、本書を通じて、世界中の人が認識を深め、ほんものの美を求めて、足立美術館に来られることを願ってやまない。

（足立美術館理事）

カバー、本文庭園写真撮影：足立隆則

第一章

令和に誓う

至福の思い出

時代は昭和から平成、そして令和へ。

団塊世代として生まれ育った私もいつか後期高齢者となった。

思えば、祖父・足立全康が、ここ島根県の安来《やすぎ》市に足立美術館をつくったのは七十一歳のときだった。その歳でよくぞ、これほどの美術館をつくったものだと、この年齢になってみて、あらためて祖父のバイタリティー、行動力に驚かされる。

祖父は生前、美術は頭で理解するのではなく、心で感じるものだ、という強い信念を持っていた。かしこまった美術論や理屈はいらない。国や人種の分け隔てなく、大人から子供まで、老若男女の誰もがよろこび、感動し、くつろげる美の宝庫。それが祖父の思い描いた理想の美術館だった。

もしかしたら、祖父は「おぎゃあ」と生まれたときから、美術館をつくる運命にあったのかもしれない、とこの頃、そう思うようになった。それと同時に、自分もまた、祖父の遺志を引き継ぐべき運命のもとに、生まれついたような気がする。

以前、ある占いの先生に、祖父と私の相性を見てもらったことがある。そうしたら、全康さんが決めたことは絶対で、それをひっくり返そうとか、反抗したところでどうにもならない。それくらい全康さんの力はすごいものがある、と言われた。

それを聞いて、私はふっと肩の力が抜けた。

私の歩むべき道筋がはっきりとわかった気がした。祖父から託された文化財を世界に向けて発信し、後世に伝え遺すことが、自分に課せられた使命だということを再認識したのだった。

祖父が旅立って三十数年という歳月が流れた。

折しも、元号が『令和』に変わって迎えた新年、二〇二〇年は足立美術館の開館五十周年にあたった。新元号のスタートが、美術館の新たな一歩と重なるようで、これも祖父の熱き思いが招き寄せた吉兆だろうかと思ったりした。

令和という元号については、私自身、少なからず思い入れがある。

今の天皇陛下が浩宮徳仁《ひろのみやなるひと》親王だったころ、足立美術館にお越しいただいたことがある。一九八六年（昭和六十一年）十月のことだ。そのときは祖父・足立全康が健在で、私は副館長の職にあった。

それから下ること三十有余年、皇太子殿下の時代に、私は二度お目にかかったばかりか、間近でお言葉を交わし、畏れ多くも握手までしていただいた。

お会いした場所は、学習院創立百周年記念会館の小ホール。

いずれも、学習院大学の上田隆穂《たかほ》教授が主宰されている「学習院グリーン元気プロジェクト

（ＧＧＧ）」の懇親会の席においてであった。

三つの「Ｇ」は、学習院、元気、グリーンの頭文字から取っている。植林や環境保全活動、歴史学習、スポーツ活動などを行いながら、地球環境を緑で豊かにしよう、という取り組みである。

こんなことを申し上げては、失礼にあたるのを畏れるが、陛下は当館のことをよくおぼえていてくださり、冷や酒が入った簡易コップを手に、なごやかに談笑させていただいた。そのときの陛下の包み込むような手のひらの感触を私は今も忘れない。

陛下がライフワークとして、学生時代から携わってこられたのが「水問題」だが、清水の流れを思わせる凛としたお振る舞いに、日本国の象徴にふさわしい気品と風格を感じたものだった。

ご即位されたその年の暮れ、学習院の研究発表会に陛下がお越しになられるというので、みたびお目にかからせていただいたのも至福の想い出である。

調和の美

世論調査によれば、国民の八割以上が「令和」という元号に親しみを抱いたとか。出典が日本古来の「万葉集」であるのも、近しさをおぼえた一因かもしれない。

元号が新しくなったからと言って、暮らし向きが特段変わるわけではないが、改元の慣わしは西暦では味わえない、日本文化の悠久の歴史を感じさせてくれる。日本民族の美徳のひとつと言ってもいいように思う。

令和の意味を英訳すると、「ビューティフル・ハーモニー」だそうで、その心は「美しい調和」だという。

それを知ったとき、私は祖父の言葉を思い出した。

自伝『庭園日本一　足立美術館をつくった男』（日経BP　日本経済新聞出版）の中で、祖父はこう書いている。

「自然と人工の調和の美、私は日本庭園こそ『一幅の絵画』という理念に立って、いまも作庭に心を砕いている」

庭園と名画が呼応し、高めあい、響き合って美しいハーモニーを奏でる……。

まるで「令和」の時代を予知し、引き寄せたかのようで、私はあらためて祖父の先見性に心を動かされた。

おかげさまで、足立美術館の名前は近年、国内にとどまらず、広く海外でも認知されるようになった。

それを実証するかのように、二〇二四年（令和六年）二月十一日、ドキュメンタリー番組『NHKスペシャル』で当館の日本庭園が取り上げられ、全国放送された。

『驚異の庭園～美を追い求める　庭師たちの四季～』というタイトルにある通り、アメリカの日本庭園専門誌で、毎年一位を競い合っている当館の日本庭園と、京都・桂離宮の庭に焦点を当て、チェコやアメリカなどの海外ロケを交えながら、日本庭園の魅力はどこにあるのか、なぜ、それほど人を引きつけるのか、庭師の仕事ぶりを一年間にわたって克明に追っている。

桂離宮の庭は建物を引き立てるように作庭され、宮内庁の内閣府技官として採用された職員が庭師の役目を担っている。庭の手入れは毎年、入札によって選ばれた業者が行う。

それに対して、当館の日本庭園は自然と一体化した、いわば「一幅の絵画」として作庭されているとし、自然相手に奮闘する専属の庭師五人の姿を密着取材している。

担当者によると、半年くらいの予定で企画書を提出したそうだが、編成会議において、どうせやるのなら一年かけてやりなさい、と上のほうから言われたとか。さすがＮＨＫだと感心した。

私は番組を見ながら、日本庭園には精神の浄化作用があり、人間の心を癒やし、慰める力があるとあらためて思った。祖父もきっと喜んでいるだろうと思う反面、「この程度で満足してはだめだ。大事なのはこれからだ。足立美術館の魅力をもっと世界にアピールせぇ」と叱咤激励する祖父の声が聞こえてくるように思った。

コロナ禍を乗り越えて

令和という新時代の幕開けは、コロナ禍に始まった感があった。

開館五十周年にあたった二〇二〇年は、東京五輪・パラリンピックが開催される年とあって、日本全体が高揚感に包まれるはずだった。しかし、一九年の暮れ、中国の武漢で確認された新型コロナウイルスは、わずか数カ月の間に全世界にまん延し、人類を震撼とさせた。

私自身、パンデミック（世界的大流行）なるものが現実社会で起ころうとは、想像もしなかった。日本でも、二〇年四月、全国に緊急事態宣言が発令されて以降、訪日外国人数は激減、人々の移動は大きく制限された。

不要不急の外出は避けるようにとの、政府からの「自粛要請」とあっては、誰もが萎縮し、外出を控えざるを得なかった。とりわけ、密集、密接、密閉の三密が疑われる場所、施設は休業を余儀なくされた。飲食業やホテル、旅館、観光地は総倒れという悲惨さだった。

日本全土に戒厳令が敷かれたような、まさにそんな状況だった。

ゴールデンウイークの初日、一部新幹線の乗車率がゼロパーセントだったというニュースには、さすがに愕然とした。

東京五輪・パラリンピックも早々と延期が決まり、一年後になんとか開催されたものの、海外からの観光客の受入れは行わず、原則、無観客にしたこともあって、今ひとつ盛り上がりに欠けた。当館も当然、激震に襲われた。

客足がぱったり途絶えた、というよりも人影そのものが消えた。ふだんなら大型バスや、県外ナンバーの車で埋め尽くされる駐車場もガラガラだった。ペンペン草も生えないとは、こんな眺めのことを言うのかと暗澹《あんたん》たる気持ちになった。一日の入館者数が百人を切る日が続き、最も少ない日はわずか十六人だった。

こうした状況下、美術館としては感染症対策に万全を期すしかなかった。

喫茶室「翠《みどり》」、喫茶室「大観」、茶室「寿楽庵」の各飲食施設の営業自粛をはじめ、学芸員による「ギャラリートーク」やアートシアターでの岡本喜八監督作品の上映の中止など、考えつく限りの対策を講じてきた。

だが、そうした努力も、来館者があっての話であり、人の往来が制限されたなかでは、焼け石に水のような徒労感しかなかった。

世間の目も開館に冷ややかだった。

「全国の博物館や美術館が閉めているのに、どうして開けているのか」といった抗議や批判の電話がかかってきたりした。

さすがにそのときは、このまま開け続けていいものか、「休館」という言葉が頭にちらついた。自治体からの自粛要請はなかったものの、世間の風当たりは想像以上に強かった。

しかし、「何があっても、絶対休むな」という、祖父の言いつけを金科玉条にしてきた当館としては、どんなに赤字になろうと、休館だけは何としても避けたかった。たとえお一人でも、わざわざ見に来られる方の熱意を思うと、休館できるはずはなかった。お客様あっての美術館である。

ここは忍の一字で、耐え抜くしかないと腹をくくった。やらないという選択肢ではなく、どうやって乗り切るかをスタッフ全員で考えた。そうした気構えもあって、コロナに感染した職員は一人もいなかった。

そのとき、庭園も絵画も、秘蔵、私蔵するのではなく、一人でも多くの人に見てもらうことにこそ、その存在意義があることを教えられた気がした。

賢人の知恵

入館者数の停滞は長く続いた。コロナ禍が収束する気配はなかった。

それでも、二〇年七月、国の観光支援事業「Ｇｏ　Ｔｏ　トラベル」が始まると、島根県や安来市の各種支援策もあって、入館者数は徐々に回復していった。個人客だけでなく、大型バスツアーの団体客も徐々に増えてきた。

美術館入り口に、お客様が列をつくっているのを見るのは久しぶりだった。ツアーガイドの表情も明るんでいた。

いよいよこれからだ、と期待に胸を膨らませたのもつかの間、ふた月も立たないうちに、コロナウイルスの新たな変異株がみつかった。日本列島はみたび感染再拡大の恐怖にさらされた。

一時期は感染者が全国で最も少ない県の一つと言われた島根県でも、クラスターが相次いで発生、二二年の二月には、都道府県別で人口あたりの感染者数が一位、二位となるまで追い込まれた。

しかし、いくら嘆いたところで、状況が一変するわけではない。

ここはコロナウイルスとの併存、「ウィズコロナ」に舵を切ることが求められた。いち早く脱コロナを掲げたアメリカやヨーロッパでは、社会・経済活動の正常化の動きが加速していた。

実際、第七波、八波と続いた感染拡大も、リモートワークや感染防止対策、医療体制の取り組み、抗体保有率の上昇などもあって、感染者は徐々に減っていった。

遅きに失した感はあるが、政府もこれまでの施策を大幅に見直し、一日あたり上限を二万人としていた海外からの入国者数を、五万人まで引き上げると発表した。それに伴い、円安との相乗効果もあって、訪日外国人観光客が戻り始めた。

厚生労働省は、新型コロナウイルス感染症の名称を「コロナウイルス感染症2019」と変更し、コロナ禍の収束を暗に指し示した。また、マスクの着用も個人の判断に委ねることにしたのに続き、二三年五月には、季節性インフルエンザとおなじ「五類感染症」に引き下げた。

こうして、コロナ水際対策緩和から一年後には、入国者数上限は撤廃された。

訪日客の旅行形態も、パッケージツアーに限らず、より人気が高い個人旅行を解禁したこともあって、二三年の訪日外国人数（推計値）は、コロナ禍以来、初めて年間二千万人の大台を回復。二四年二月には、コロナ禍前を上回るまでになった。

コロナ禍以前は、中国や韓国、台湾など東南アジアからの観光客数が多かったが、最近はアメリカをはじめ、イギリス、フランス、ドイツ、オーストラリア、カナダなど、欧米豪地域から訪れる人の割合が増加している。

ここ数年、閉塞《へいそく》感にあえぎ苦しんだ日本だが、諸外国では、日本の自然や風土、伝統文化、和食、美術工芸などへの興味関心は非常に高いものがある。

日出ずる国は、神秘と憧れをもって見られている。

災い転じて福となす、のことわざにならい、足立美術館の魅力を広める絶好のチャンスと捉え、積極的に広報活動に打って出るのが賢人の知恵というものだろう。

第二章

祖父の遺訓

天の声

山陰の風土を生かした「純日本庭園」と、横山大観を中心とした「近代日本画」を二本柱に据え、島根県安来市に足立美術館が開館したのは、一九七〇年（昭和四十五年）十一月のことだ。

美術館の建設地については、皆生《かいけ》温泉や玉造温泉、大山《だいせん》といった、いくつかの観光地が候補に挙がった。だが、地元に反対されたり、条件が合わなかったりして、結局、祖父が生まれ育った現在の地に落ち着いた。

そうした紆余曲折を経て、生誕地に美術館をつくることになったのは、いまにして思えば、この地をおいてないという「天の声」だったかもしれない。

晩年の祖父にとって、美術館は生き甲斐そのものだった。

朝起きると、まず仏壇に手を合わせ、朝食を取るのももどかしいというふうに、ネクタイを締め、スーツに着替え、館内を見てまわる、それが日課となっていた。

話し好きだった祖父は、来館者の方に気さくに声をかけた。雑談に興じ、お客さんと記念写真に収まることもあった。とりわけ、女性のグループを見つけると、鼻の下を伸ばして、ほんとうに嬉しそうな顔をしていた。

幸か不幸か、私にはそっちのほうの遺伝子はあまり伝わらなかったようで、「ほんま、ようやるわ」と苦笑するばかりだった。

その当時、美術館の年間入館者数は三十五万人前後を推移していた。十年くらい、そうした状況が続いていた。

私が「なんとか四十万人を突破したいですね」と言うと、

「五十万人を越えな、話にならん」

目標が低すぎるとばかりにゲキを飛ばした。

手塩にかけてつくりあげた美術館だけに、一人でも多くの人に見てもらいたいというのが、祖父の実直な思いだった。

しかし、さすがの祖父も、八十歳の半ばを過ぎたあたりから、老いが目立つようになった。洋服に着替えるのが面倒になり、着物で過ごす日が多くなった。そして米寿の祝いをしようと、身内で話していた矢先、目薬を差そうとして座敷で仰向けにひっくり返った。その拍子に尾てい骨にひびが入り、入院することになった。

この入院を境に、一気に体力が衰えていった。老人にとって怖いのは、入院生活によって脚の筋力が衰えることだ。

ある研究によると、歩行や椅子から立ち上がるときに必要とする筋肉は、五十歳以降、年一パーセントずつ衰えていくとか。特に高齢者は運動しないと、筋力が急激に落ちるという。祖父がひっくり返ったのも、足腰の筋肉が弱っていたせいかもしれない。

祖父に肺がんが見つかったのは、それからまもなくのことだった。

自覚症状はなかっただけに、本人もショックだったようだが、祖父はそんな素振りはおくびにも出さず、

「わしは最高齢で肺がんの手術をするんですわ」

気丈に振る舞い、見舞客一人一人にそううそぶいた。

しかし、それが強がりだということは、私にはよくわかっていた。祖父は根は怖がりで、寂しがり屋なところがあった。

手術に先立ち、占いの先生に祖父の運勢を見てもらったところ、

「何十万人、いや何百万人、何千万人に一人という強運の持ち主ですよ」と言われたので、そのことを伝えると、祖父は安心しきったように手術に臨んだ。

手術は無事成功した。

だが、それによる体力的ダメージはあきらかだった。半年くらいは元気そうにしていたが、だんだんと起きているのがつらくなり、すぐに横になるようになった。

超高齢の手術がはたしてよかったかどうか。

借金は男の甲斐性

手術を執刀した国立米子病院の池田貢先生とは、現在も時折、ゴルフを一緒にすることがあるが、何かの折り、

「あのときは、全康さんに乗せられたのかもしれません」と悔やむふうに話されたことがあった。

池田先生のお父さんは隠岐の島で開業医をやっておられ、祖父と同い年だった。そのお父さんに肺がんの手術の話をしたら、

「引き受けたらだめだ」と強く反対されたという。

高齢の手術がいかに危険を伴うか、先生のお父さんはわかっておられたのだろう。

祖父が亡くなった年は、年間入館者が待望の五十万人に達しそうな勢いだったので、病院に見舞いに行ったとき、

「ことしは五十万人を突破しますよ」と祖父に伝えると、

「そりゃ、よかった」

ほんとうにうれしそうな顔をした。そのときの祖父の笑顔を、私は今も忘れない。

祖父は病室にあっても、いろんな夢を語って倦《う》むところがなかった。百歳まで生きる、と本気

でそう思っていた。

毎日、口癖のように、元気になったらあれをやって、これもやって、とずっと言い続けていた。ただ晩年は誇大妄想がひどくなり。自分の言葉や夢に酔いしれるところがあった。

そういえば、病床にあった祖父がある日、ぽつんと、

「おまええはええな」と私に言ったことがあった。

美術館が世に認められるようになり、しかも素晴らしい美術品や日本庭園に囲まれて、おまえのこれからの人生はバラ色や、とでも言いたかったのだろうか。

しかし、私はそのとき、

「こんなにいっぱい借金を残してよう言うわ。跡継ぎは大変や」と内心、ありがた迷惑に思ったものだった。

祖父は自分の夢を実現するためには、借金など気にもとめなかった。借金は男の甲斐性とばかりに借りまくった。金銭感覚が普通の人とは違っていた。

とにかく、莫大な借金を置き土産として逝ったので、私はそのことが頭から離れなかった。どのようにして借金を返していくか、気が気ではなかった。

いちど、自分が出張しているとき、「金がなくて給料が出せません」と経理のほうから電話がかかってきたことがあった。理由を聞くと、全康さんが絵を買ったからだと言う。そんなこんな

でフラストレーションがたまり、気が休まることがなかった。

だが、今日、美術館が世界に認められるようになったことを思うと、なんと罰当たりな、と反省することしきりである。

祖父は、喜びを十分に味わわずして亡くなった。それを思うと、可哀想な気がしてくる。せめてもう数年、長生きさせてやりたかったと思う。

そんなことをあれこれ思っていると、いまさらながら祖父のことが偲ばれる。

祖父は一九九〇年（平成二年）十二月十九日、九十二歳でこの世を去った。

手術をしていなければ、もう少し長生きしていたかもしれないが、私の正直な気持ちを言うと、祖父は十分過ぎるくらい人生を享受したように思う。

「コケの一念、岩をも通す」を身をもって実践し、願ったことを一つ一つ形に遺していった。そして今日のような美術館をつくったのは、常人ではなしえない所業である。

明治、大正、昭和、平成の時代を波瀾万丈に生き抜き、七十歳を超えてから郷里に美術館を建て、好きな庭づくりに情熱を燃やし続けたその一生は、真似しようと思ってもできるものではない。一人の人間がよくそこまでできたものだと、感心を通り越して畏敬の念すらおぼえる。

日本美の象徴

早いもので、祖父が他界して三十有余年になる。

この間、アッという間に月日が流れていったような気がする。しかし、自分の中では祖父はいまも生き続けている。

祖父は何事も、「それいけ、どんどん」というタイプで、守りに入ることはなかった。それを支えたのは、「超一流」のものには人は集まる、という不動の信念だった。

「おなじやるなら超一流を目指せ。そうでなければやる意味がない」

そう言って、自ら先頭に立ち、美術品の購入や施設の充実、庭園の手入れなどにあたった。そのための投資を惜しむことはなかった。

そうした取り組みが結果的に、美術館の入館者数の増加と安定につながった。それを思うと、祖父の言うこと、やることなすこと一つ一つが、私たちへの生きた教訓、手引きとなっている。

一九二一年（大正十年）、祖父はみすぼらしい生家を隠すように植えられていた竹を売り払い、商売人を志して、ひとり大阪へと向かった。そのとき、車中から見た郷里、山陰の美しい山並みは、祖父の心を捉えて放さなかったようだ。

その感動が胸の奥深く生き続け、庭園づくりへと駆り立てたにちがいない。当館の見どころの一つとなっている、庭園と近景、中景、遠景が一体となった風景は、日本中のどこをさがしても見つからないだろう。

祖父は美術学校を出たわけではない。造園について、誰かに学んだり、修業をしたわけでもない。

しかし、祖父には誰も真似できない特殊な才能があった。それは何事も思い込んだら、とことんやらないと気が収まらない激しさと、やる以上はいちばんでなければ意味がない、という揺るぎない信念だった。

日本庭園に寄せる祖父の情熱は半端ではなかった。

「世界のどこにもない日本庭園をつくる」と息巻き、実際に京都や奈良をはじめ、全国各地の名園を精力的に見てまわった。

祖父にはしかし、目にした庭園のどれもが似たり寄ったりで、もう一つ食い足りなかった。どこもこじんまりとして、限られた狭い空間に、木々や石を敷き詰めた、坪庭、箱庭のようにしか見えなかった。

そのとき、祖父の脳裏によみがえったのが、子供の頃からずっと見てきた郷里の美しい山並みだった。

ビルが建ち並ぶ都会や、狭い限られたスペースでは絶対に演出することができない、雄大な自然と一体化した庭園こそが、追い求めてやまない究極の日本庭園であることを悟ったのだった。「日本画」と「日本庭園」に的を絞ったのは、祖父の個人的な思い入れもさることながら、この二つこそが日本人の琴線に触れる〝日本美の象徴〟であることを信じて疑わなかったからだ。

座右の書

それにしても、祖父はどうしてこれほどの美術館をつくることができたのか。

そこらあたりの経緯は、祖父が書き遺した『庭園日本一　足立美術館をつくった男』を読んでいただければと思う。

この本は祖父が八十八歳のときに出版したものだ。現在では英語に翻訳され、海外でも発売されている。

小作農家に生まれ、大八車を引いて行商に歩いた幼少年時代から、大阪に出ていろんな事業を手がけ、やがて不動産業で成功し、郷里に美術館を開館する、紆余曲折に富んだ人生行路が包み隠さず、正直に語られている。

自伝を読んだ読者の方から、

「あまりに面白いので、一気に読みました」とか、「近いうちに美術館に行ってみたいと思います」とか、

「足立全康という人の一途な性格と、何ごとにもめげない強さに感服させられました」といった好意的な声が数多く寄せられた。みなさん、祖父の波瀾万丈に富んだ人生劇場に胸を打たれたようだった。

かく言う私も本書の愛読者の一人である。

祖父が美術館を開館した当初、私は東京の会社に就職していたが、美術館に籍を置くようになって以降、地元の人たちや企業との付き合いが増えるにつれて、郷土の魅力を再認識するようになった。

さいわい祖父の遺訓は、私だけでなく、職員一人一人の胸中にしみこんでいる。その支えとなっているのが、祖父の自伝である。私自身、身内でありながら、初めて見聞きすることが少なくなかった。

何かに迷ったり、精神的に落ち込んだり、あるいは大事な用向きで要人に会わなければいけないときなど、自分に気合いを入れるために、引っぱり出して読んでいる。そして読み始めると、いつのまにか次のページをめくるのが常である。これまでに何回、いや何十回となく読んでいるのに、である。

本をひもとけば、祖父の姿がよみがえってくる。話し声、笑い声が聞こえてくる。

私にとって、自伝は祖父を偲ぶ忘れ形見というだけではない。これから美術館をどう運営し、新たな魅力を引き出していくか、その心構えを教えてくれる指南書であり、道しるべであり、なくてはならない座右の書なのである。

空白の五年

足立全康自叙伝『庭園日本一　足立美術館をつくった男』

昔からよく、「初代が創業して二代目で傾き、三代目が潰す」と言われる。

事業でも商売でも、何代にもわたって、継続発展させるというのは至難のわざである。創業百年とか二百年ともなると、ほとんど奇跡的と言っていいかもしれない。

祖父が亡くなったとき、「足立美術館は大丈夫か」とか、「どこかに乗っ取られるのでは」といった噂がまことしやかに飛び交った。

足立美術館の初代理事長は、医学博士で安来市の元市長だった杉原寛一郎さん。そのあと祖父が十二年近くにわたって務めたのち、一九八七年から『㈱ワールド』の畑崎廣敏さんが三代目の理事長に就いた。

祖父が亡くなった当時は、畑崎さんが理事長で、私は館長だった。

祖父はワンマンで、思い通りにならないと、感情的になったり、かんしゃくを起こしたりするところがあった。いわゆる血の気が多かったが、筋はきちんと通す人だった。そして人間関係をとても大切にした。

畑崎さんについても、柔和で純粋なその人柄に惚れこみ、三顧の礼で美術館にお迎えした。知り合った一九八二年の暮れに理事、翌年の四月には館長に就任していただいた。

畑崎さんはアイデアマンで、顔が広かった。人の見方や雇用のこと、また美術館の動員方法などについて、いろいろとアドバイスしてもらった。

祖父は昔から、惚れ込んだら命がけという性格だった。それが高じて、足立美術館にはワールドが付いている、とまで吹聴しかねなかった。

そんな経緯もあって、祖父の死後、「ワールド美術館」になるのでは、と憶測する人もあったが、むろん根も葉もないデマだった。しかし、屋台骨だった祖父の死は、周囲に存続の懸念を抱かせたのは無理もなかった。

これから美術館をどう運営していくか。

金融機関との交渉、美術品の収集、美術館内部の人事のことなど、問題は山積みだったはずなのに、祖父が亡くなってからの四、五年、何をどう過ごしたのか、私はほとんど覚えていない。記憶がすっぽり抜け落ちている。

葬儀がどういうふうに執り行われたのか、弔辞を読んだことさえ思い出せない。まるで記憶喪失にでもなったようだ。

孤立無援のような状況下、やらねばならないことが多すぎて、どう手をつけたらいいものか、意識が散漫になっていたのかもしれない。もしかしたら、諸々の記憶を消し去りたいほど、精神的重圧を感じていたのだろうか。

いずれにしても、五年近くにわたって、記憶がないというのは自分でも不気味なほどである。

天性の磁力

二〇〇〇年七月、金融庁が発足したとき、美術館は美術商と同じ格付けになった。

美術館内部の間でもそれに対応すべく、運営方針や美術品の購入など、今後の見通しについて話し合う必要があった。

喫緊《きっきん》の課題は、美術館の将来像をどう描くかにあった。美術館をさらに大きくし、より充実させたいと思う私と、現状のままでよしとする大阪の関連会社役員との考え方の違いが浮き彫りになり、人間関係がギクシャクした。

私はそのとき一貫して、

「おじいさんの言うとおりにやっていれば間違いない」と言い続けた。

全康さんの遺言であれば、誰もたてつくことはできない。実際、その通りにやってきた。

私がいまも大事にしている祖父の教えがいくつかある。その一つが、人の出会いを大切にしろ、というものだ。

自伝の中で、祖父はこんなふうに言っている。

「人間社会というのはよくしたもので、どんな逆境にあっても、必ず自分のことを気遣ってくれる何人かの恩人、友人、知人がいる。自暴自棄になる前に身のまわりを振り返ってみるといい。他力本願も、信じればこそ通じる」と。

さらに続けて、

「考えてみれば、私はこれまでどちらかというと、自分よりも目上の人と付き合うようにしてきた。何をやるにしても、力のある人と付き合い、その人の持っている運勢なり、ものの見方や考え方、交友関係を自分のものにすることができる。そう考えて意識的に人を選んできた節がある」

人心掌握術に長《た》け、何事も前向きだった祖父らしい処世訓である。

打算や損得勘定がちらついては、相手は信用してくれない。嘘偽りのない言動だからこそ、胸襟を開いた付き合いが生まれる。人と人との付き合いは、それが原点であり、すべてであろう。

事業に成功した人の特徴を分析すると、何事もプラス思考でポジティブであること、根が真面目で努力家であること、夢や目標がしっかりしていて失敗を恐れないこと、思い立ったら、すぐに行動に移せる決断力があること、自分よりもレベルの高い人と時間を過ごす、といったことなどがあげられるという。

それら一つ一つ、すべて祖父にあてはまるところをみると、祖父には人を魅了する天性の磁力が備わっていたといえようか。

第三章
二人の全康さん

精霊《しょうりょう》の花火

私にとって、祖父には二つの顔がある。

一つは実業家・足立全康さんで、もう一つは全康おじいさんである。

世間一般に知られる足立全康さんは、貧しい農家に生まれながら、様々な商売、事業を手がけ、世界でも屈指の美術館を創立した、立志伝中の実業家というイメージが強いかもしれない。

実際、現在の私があるのは全康さんのおかげであり、いくら感謝してもしきれないが、私生活における全康おじいさんは身勝手で、ワンマンで、正直言って、ある時期まで好きになれなかった。

もともと私は口数が少なく、愛想もあまりいいほうではなかった。おじいさんにはそれが気にくわなかったのかもしれない。それにしても、もう少しやさしくしてくれないものか、と子供心に思ったものだった。

子供は敏感なところがあって、自分が相手にどう思われているか、本能的に嗅ぎ分ける能力を備えている。私の場合、おじいさんには長い間、疎《うと》まれていた、とは言わないまでも、好かれていなかったような気がしていた。

いつだったか、祖父を訪ねて来たお客さんに、私が挨拶をしなかったので、金槌を持って追いかけられたことがあった。悪いのは自分だったかもしれないが、鬼のような形相を見たときは生きた心地がしなかった。

その点、三歳違いの妹・説子《ときこ》はみんなに可愛がられた。おじいさんも、目に入れても痛くない可愛がりようだった。兄妹げんかでもしようものなら、問答無用、叱られるのはいつも私だった。妹がおじいさんに叱られているのを見たことがない。

祖父は自伝の中で、

「わしの人生は絵と女と庭や」と公言してはばからなかったが、もしかしたら、私が男だったので嫌われたのかもしれない。

ほんとうにそうだとしたら、何ともはた迷惑な話だが、一方でいかにもおじいさんらしいと苦笑を禁じ得ない。祖父は直情径行型で、わかりやすい性格だった。

祖父には三人の息子がいたが、残念ながらあとを継ぐ者はいなかった。

長男だった私の父・常雄だけが美術館の仕事に就いたが、酒が過ぎて六十の声を聞くまもなく逝ってしまった。一九八五年（昭和六十年）十二月のことだ。当時は、祖父がつくった『丸全㈱』の代表取締役で、足立美術館大阪事務所長をつとめていた。

祖父の手足となって、十代の初め頃から働きづめだった父の死は、祖父にとってもショックだったようだ。亡くなった翌年の初盆から、毎年、近くの飯梨川の土手で精霊の花火を打ち上げるようになった。

　そのあたりから、祖父の中で何かが変わり始めたように思う。

鶴の一声

　私は一九四七年（昭和二十二年）七月十五日、安来市古川町で生まれた。いわゆる団塊世代である。近くの広瀬町で祇園祭があった日の夜九時頃に生まれたらしい。父は全康さんの長男だから、祖父にとって私は孫頭になる。

　ふつうなら、足立家の跡継ぎができたのだから、大いに喜ぶはずだし、何よりも孫はかわいいというのが世間一般の祖父母だろう。

　しかし、残念ながら、私はおじいさんに可愛がられた記憶はほとんどない。なついた、というような思い出もない。

　私が生まれてまもなく、家族は鳥取県の米子市内に移り住んだ。

生まれてまもなく

父は戦前、祖父に呼ばれ大阪で商売の手伝いをしていたが、戦火が激しくなり、祖父と一緒に郷里の安来に疎開していた。そのとき、祖父の言いつけで安部久子と結婚した。一九四六年のことである。当時はまだ、親の言うことは絶対という時代で、親が子供の結婚相手を決めることが珍しくなかった。

祖父はしばらく郷里にいたが、元々がじっとしておれない性分で、私が生まれる前に単身、大阪に戻って新しい商売をさがしていた。家庭よりも商売、それが祖父の生き方だった。

私の名前はじつは、いまの「隆則」ではなかった。

出生届の際、役所に提出された名前は「晃」だった。戸籍にもそう記載された。

名付けたのは、おじいさんの妹の安子おばさんだった。大阪にいたおばさんもまた疎開で、古川の実家に戻っていた。早くして実母と死に別れた父は、何かと面倒を見てもらっていた安子おばさんに恩義を感じ、名付け親になってもらったのかもしれない。

しかし、私は生まれてこの方、「あきら」と呼ばれた記憶はまったくない。ものごころがつく前から、「たかのりちゃん」と呼ばれ、その名前でずっと育ってきた。だが、戸籍上は「晃」のままだったので、私は長い間、二つの名前を持ったまま、宙ぶらりんの人生を歩んできた。

私の名前を「隆則」に改名したのは、他ならぬ全康おじいさんだった。どういう理由かわからないが、おじいさんには「晃」という名前が気に入らなかったようだ。姓名判断によって変えたらしい。

そういえば、祖父も「義元」から「全康」に改名した経緯がある。自分の体験にあやかって、孫の名前も改名したのかもしれない。しかしそれなら、最初からおじいさんが名前を付けてくれていれば、こんなみっともない真似をしないですんだのに、と恨めしく思ったものだ。

三つ子の魂百まで、ということわざがある。

人間は三歳になるまでの三年間ほど、急成長する時期はないのだとか。つまり、しつけや教育といった、人間に必要な心の情操教育は、生まれてから三年間でほぼ固定されるという。だとしたら、この期間に見聞きし、体験したことが、私という人間の骨格をなしていることになる。

専門的なことはわからないが、ワンマンで、カリスマ性を持っていた祖父が、いわばトラウマとして、私の脳裏にすり込まれていたとしても不思議ではない。わが家はもとより、何事もおじいさんの「鶴の一声」で動いていたからだ。

株はするな、賭け事はするな、と子供の頃からおじいさんにずっと言われてきた。それがいまも頭にこびりついている。

「隆則」という名前が役所に正式に認められたのは、私が三十七歳のときである。

美術館の副館長を何年か務めたのち、米子の地方裁判所に改名届を申請し、ようやく認められた。証明書をもらい、「足立隆則」として市役所に受理されたときは、さすがにほっとした。

誰が考えてみても、四十歳近くまで二つの名前を生きてきたのだから、気持ちがいいはずがない。当たり前のことだが、親が子に名前を付けるときは責任を持たないといけない。名前の一件からもわかるように、私の人生は、おじいさんのさじ加減一つで決められたところがある。

幼児の頃から、小中高、そして大学を経て就職し、やがて足立美術館に籍を置くまで、常におじいさんが背後霊のようにつきまとってきた。いわば、強烈な個性を持ったおじいさんの手のひらの上で、私は泳がされてきたようなものだった。

孤独の幼少年時代

私の両親の出会いも、おじいさんが深く関係している。

昭和の初め、祖父は小売りを兼ねた『山陰地方繊維卸商』を米子で開業、そこを拠点として、広瀬、安来、松江に店を構え、オートバイで駆けずりまわっていた。母・久子の父の安部重吉さんも、オートバイを乗りまわしていたそうだから、それが機縁で親しくなったらしい。

両親は安来で結婚した。だが、夫婦仲はいいとは言えなかった。父は大酒飲みで、家にいることが少なく、母はしょっちゅう父の悪口を言っていた。家出をしたこともあった。

思えば、父は十歳のとき、実の母・松代と死別している。不治の病とされる結核に冒され、二十八歳という若さで逝ったのだった。小学生の父にとって、実母との早すぎる別れは、言いがたい孤独の影を刻んだのかもしれない。

全康さんは家庭を顧みるタイプではなかった。私の父が家に居着くことがなかったのは、そうした生い立ちと関係がありそうだ。家族団らんの生活は、父にとってはむしろ居心地が悪かったのかもしれない。

一方、母は九人兄妹の次女だった。実家の安部家は、安来で『丸安木材』という会社を営む裕福な家庭だった。賑やかでアットホームな家庭環境に育っただけに、父とは価値観や生活感のずれがあったようだ。

足立家は勉強よりも商売優先の血筋だったが、安部家は大学出の教養人が多かった。母はそれを鼻にかけるところがあった。夫婦関係がぎくしゃくしていたのは、母のプライドの高さが一因でもあった。

だから母は、義父にあたる全康おじいさんとも長い間、そりが合わなかった。

家族は私が二歳になるまで米子市内の借家に住んでいた。その家の大家さんが岡本家だった。映画の岡本喜八監督の実家である。

全康さんに呼ばれて、私たち家族が大阪の今里に引っ越したのは、一九四九年のことだった。おじいさんはその頃、大阪の船場に『丸全繊維㈱』を設立し、副業として金融業やアメリカの車の販売を始めていた。その仕事を手伝わせるため、父を呼び寄せたのだった。

大阪で生まれた、三つ違いの妹の説子は、未熟児だったせいか、身体が弱かった。母も産後の肥立ちが悪く、体調が思わしくなかった。そのため私一人、安来の家に一年くらい預けられた。

そこには全康さんの妹の熊野おばさんと安子おばさんがいた。曾祖父の覚市さんも健在だった。曾祖父は私が十歳のとき、八十二歳で亡くなった。

安来には母方の、歳の近い叔父や従兄弟がいたが、みんな勉強などに追われ、遊び相手になってもらえなかった。何もすることがなくて、朝から晩まで、一人で釣りなどをして過ごすことが多かった。

大阪の小学校に入ってからも、友達らしい友達もできず、春休み、夏休み、冬休みと、長い休みがあるたび、安来に帰っていた。お金がないので夜行で帰った。

母方の祖父母の家は、そんな私を不憫に思ったのか、いつもあたたかく迎えてくれた。私にはそれがたまらなく嬉しかった。

曾祖母からのDNA

小学生の頃の思い出で、忘れがたい人がいる。米子市にあった割烹料亭『錦明亭』の花板さんである。

背が高く、いつも着流しで、雪駄を履き、肩で風を切るといったふうの、ヤクザ映画にでも出てきそうな風貌の人だった。映画俳優の鶴田浩二に似た雰囲気があった。祖父よりも一回りくらい年上だったように思う。

花板さんは芸事全般に通じ、お華や茶道、書をたしなむ粋人でもあった。

私たちが大阪の上六《うえろく》に引っ越してからも、花板さんはふらっとやってきて、ひと月以上も長逗留することがあった。祖父はそのつど、上げ膳据え膳で歓迎し、手厚くもてなしていた。

母方の祖父母の家　安部家縁側

私はその花板さんから、将棋とか五目並べを教えてもらった。また、天王寺公園の茶臼山に瓢箪池があり、そこでボートのこぎ方を教わったりした。妹も一緒に行くことがあった。
祖父はしかし、花板さんの素性について、私たちに話したことはない。また自伝の中でもいっさい触れていない。名前も出てこない。書いているのは、『錦明亭』で働いていた仲居さんのことばかりである。

祖父は戦前、『錦明亭』にいた子連れの仲居と懇ろになり、自分の連れ子である私の父と一緒に暮らしたことがあった。だが、彼女に裏切られ、お金を持って逃げられたという。

見る目がないというか、運が悪いというか、祖父は女性にはそこそこ手が早かったものの、女性運が良かったとは思えない。懲りない祖父はそれからまもなく、やはり『錦明亭』に勤めていた政子さんと親しくなり、結婚した。一九三九年のことだ。その政子さんが終生の伴侶となった。

このように、祖父は『錦明亭』とは浅からぬ縁があり、何かと恩義を受けてきたはずなのに、なぜ花板さんのことは素通りしたのか。

本書を書き起こすにあたり、せめて名前だけでも知りたいと思い、米子市立図書館で調べるうちに、『錦明亭』の代表者欄に二岡佐右衛門《ふたおかさえもん》という名前を見つけた。店の所在地は加茂町一丁目になっていた。

戦前の加茂町一丁目は、米子市役所や博愛病院、税務署、銀行、旅館などが建ち並び、ずいぶん賑わっていたようだ。まわりには商店街もあり、割烹料亭が三、四軒あったらしい。『錦明亭』はそのなかでも一番繁盛していたようだ。

一九三四年（昭和九年）刊の『米子商工案内』によると、四十八円の営業税を納めている。その他の個人商店は二十円以下だから、地元の有力者、名士たちが利用していたことがうかがえる。

店の格式をはじめ、出される料理もしつらえも一流だったにちがいない。

祖父は昭和の初め、米子市内で商売を始めているので、『錦明亭』に出入りするうちに花板さんと交誼を深めたのかもしれない。二人は店と客以上の親しさだった。

そこで当時を知る人に話を聞くと、びっくりするような史実が出てきた。

私は花板さんのことを、『錦明亭』で働く使用人とばかり思っていたが、代表者の二岡佐右衛門その人が、私たちをかわいがってくれた花板さんだと判明した。さらに驚いたことに、佐右衛門さんは全康さんの母親であるトメさんの弟だということがわかった。つまり、祖父からみたら叔父さんにあたり、私にとっては曽祖叔父《そうそしゅくふ》になる。

二人が親密だった謎がこれで解けたが、それならなおのこと、祖父はなぜ佐右衛門さんについてひと言も書かなかったのか。

曾祖母のトメさんは、私が生まれる前、一九四〇年（昭和十五年）に五十九歳で他界している。だからどんな女性であったか、知るよしもないが、祖父の自伝の中に、曾祖父母が一緒に写った写真が残されている。

トメさんが椅子に腰掛け、覚市さんがとなりに立っているが、トメさんのほうが覚市さんより背が高いのがわかる。二岡家は長身の血筋のようだ。足立家はどちらかというと、小柄な人間が多いので、私の身体的特徴は曾祖母から来ているらしい。

祖父の自伝によれば、トメさんは息子思いの心優しい母親だったようだ。祖父も母親への感謝の気持ちを綴っている。二岡家への心覚えが悪かったとは思えない。

もしかしたら、祖父は女性のことを書きたい一心で、佐右衛門さんのことはほんとうに失念していたのかもしれない。女好きを公言してはばからない祖父のことだから、あながちあり得ない話ではない。

真相は、いまとなっては藪の中である。

私が想像するに、祖父が美食家であり、後年、美術館を建て、北大路魯山人に惚れ込んだのは、二岡家の血、とりわけ佐右衛門さんの存在が大きく影響しているような気がする。強烈な個性を持ち、粋で風流人でもあった叔父さんに感化され、薫陶を受けてきたであろうことは想像に難くない。

これまで、私は全康さんと曾祖父の覚市さんの血が濃いように思っていたが、芸術にかかわりがある美的感性は、曾祖母の血筋からきているように思われる。

商才は足立家、芸術的感性は二岡家、それが私の中に流れている先祖からのＤＮＡのようだ。ちなみに二岡家も足立家とおなじ、安来市古川の在だった。

後日談だが、『錦明亭』があったらしい場所を探していたとき、たまたま出会った近所の老人から、佐右衛門さんは太平洋戦争前に、一生遊んで暮らせるような金額で錦明亭を売却したと聞いた。

曾祖母の家系も、足立家に負けず劣らず商才に長《た》けていたのかもしれない。

第四章

忍従の「上六」時代

走り使いの日々

私たち家族は米子で三年ほど過ごしたのち、大阪の今里へ引っ越した。そして私が九歳のとき、全康さんと一緒に南区東平野町、通称「上六《うえろく》」に移り住んだ。一九五六年（昭和三十一年）のことである。

今里と上六とでは、小学校は反対方向にあった。いわゆる越境入学というやつだった。当時は転居続きで、友達もできなかった。

上六に引っ越した当初、母から、

「地元の人たちと付き合ってはだめよ」とよく言われた。

上六には不良が多いと思っていたからだ。プライドが高かった母はここでも、上から目線で人を見るところがあった。

上六の家は土地が百坪くらいあり、京都風の間取りで、中庭があった。一角を貸家にしていた。お客さんがひっきりなしに訪れるので、そういう暮らしに慣れるのにずいぶん苦労した。私は受験のため、貸家の一部屋を十七歳まで使っていた。

子供時代、祖父の使いで、空堀《からほり》商店街にしょっちゅう買い物に行かされた。商店街までは歩いて十五分くらいだった。果物や肉、味噌など、美食家だった祖父は口が肥えており、うまいものには目がなかった。

私はこの使いがいやでいやで仕方なかった。

というのも、祖父の買い方はわがままというか、身勝手というか、ちょっと常識外れのところがあった。吝嗇家《りんしょくか》というわけでもないのに、自分が口にする分しか買わない。身内や家族の分など眼中になかった。

土曜日とか日曜日、祖父は家でくつろいでいるとき、抹茶を飲む習慣があった。それでよく上用まんじゅうを買いに行かされたが、買うのはいつも一個。ふつうなら五個とか十個、少なくとも孫の分くらい買っても罰は当たらないと思うが、そうした配慮はさらさらなかった。

味噌を買いに行くときは、自前の樽を持たされた。味にうるさかった祖父はお気に入りの店のものしか食さない。味噌を入れると、結構重くなるので、両手で持たないといけない。重いやら格好悪いやらで、子供心に恥ずかしく思ったものだった。

すき焼きの肉を買う場合も、自分が食べる分の、例えば五十匁しか買わないとか、ミカンに至っては味見をして甘いのだけを買ってこいというふうで、使いを言いつけられるたびに、「またか」と気が滅入った。

反抗期だったこともあって、祖父への恨みつらみが増していった。

使いと言えば、十五、六歳の頃から二十歳くらいにかけて、古銭をよく買いに行かされた。最初は祖父に連れて行かれたのだが、それは私の顔を店の人に覚えさせるためだった。

実際、十代の若造が高額の古銭を買いにきたら、怪しまれるに違いないが、祖父の孫だとわかっているので、店の人は安心して売ってくれるというわけである。

祖父が買い集めた古銭は、明治・大正時代のもので、市場に出まわらない小さな金の硬貨。古銭のカタログを見ながら、これがあったら買ってこいと言ったのが、二、三カ月のうちに何倍にもなった。

祖父は古銭を私に見せながら、

「みてみい、値上がりしたやろ」

たしかに一、二年もたたないうちに二、三百万円くらい儲けたのではないだろうか。

古銭に限らず、金儲けに対する祖父の嗅覚は天才的だった。

祖父流の教育?

祖父からの頼まれごとで、自分ながらよくやったと思うのが、個人名簿の書き写し。毎年、住友銀行から新しい手帳をもらっていたので、年度が替わるたびに、名前、住所、電話番号を書き写した。

細かい字で、失敗することなく、何頁にもわたって書くのは大変だった。小学五、六年生の頃から十年くらい続けただろうか。リストは数百人もあったので、手間暇がかかるだけでなく、神経を使う、とても根気のいる作業だった。

それは祖父もよくわかっていて、書き終えると、「ご苦労やったな」とねぎらい、お金をくれた。

祖父は、真面目にこつこつとやる私の性格を見越して、面倒な作業を言いつけたのだろう。松本清張の『黒革の手帖』ではないが、手帳には祖父の大切な個人情報が書き込まれている。誰にでも頼めるものではない。身内の私を信用すればこその頼みごとにちがいなかった。

祖父は、手間暇かけた仕事やしんどい仕事、汗水流してやるような仕事にはきちんと報酬をくれた。あぶく銭が入るような仕事とは、はっきり区別していた。何もないのに、小遣いをくれるようなこともなかった。

一生懸命働いたらお金がもらえる、生きるというのはそういうことだ、と教えようとしたのかもしれない。それが祖父流の教育だったように思われる。

もう一つ、ハードで責任重大だったのが美術品の運搬。

私が大学に入った頃、祖父は美術品を買い集めていた。すべて投資目的だった。当時はまだ、美術館の〝美〟の字も頭になかった。

上六の二階にある十畳間の和室には、美術品が所狭しと置いてあった。床が抜け落ちるのでは、と心配するほどの点数だった。横山大観の掛軸だけでも三十数点あった。

そのため、祖父の生家があった安来の蔵に保管することになり、大観の掛軸を車で運ぶように命じられた。まだ高速道路がない時代、大阪から安来までだと八時間はかかる。ましてや私は免許を取って一年そこそこだった。そんな人間にたった一人で、大観の作品を運ばせるというのは無茶というか、無謀というものだった。

常識に照らすまでもなく、高額の美術品を運ぶのだから、きちんと保険をかけ、専門の運送業者に依頼するというのがまっとうな判断だろう。万が一のことがあっては取り返しがつかない。

しかし、祖父は意に介せず、トランクだけでなく、後部座席、助手席にまで、自分で作品を積みこんだ。何しろ、五十数点も詰めこむので、後ろも見えなかった。

私は途中休憩もせず、運転席に座りっぱなしだった。トイレも我慢した。

万が一、パトカーに呼び止められたら、と思うと気が気ではなかった。悪いことをしているわけではないが、二十歳になるかならない学生が、高額な美術品を何十点も運んでいるのだから、どんな騒ぎになるかもしれない。

幸い、何のトラブルもなく、安来に着いたときはさすがにほっとした。

だが、祖父からは何の連絡もなかった。

ふつうだったら、「無事、着いたか」とか「ご苦労さん」という電話くらい、あっても良さそうに思うが、なしのつぶてだった。良いように解釈すれば、業者よりも、私に全幅の信頼を寄せていたということかもしれないが、その当時は、人に対しても絵に対しても、ぞんざいな扱いだったことは否めない。

美術品はその後も、三、四回、一人で運んだ。そのうち一度、追突事故を起こしたことがあった。

祖父に叱られると覚悟していたら、「けがもなく、たいした事故でのうてよかった」と心配してくれて、すぐに示談金と車の修理代を払ってくれた。

一生懸命やっているなかでの失敗については、祖父は腹を立てたり、責めたりすることはなかった。そういうことに対しては拍子抜けするくらい、物わかりが良かった。

暗黒の時代

美術品を運んだ足立家の本宅には、祖父のすぐ下の妹・熊野さん一家の高倉家が居住し、作品の管理にあたった。運び込んだ美術品は三百点近くにのぼった。

熊野さんの息子の「しょうちゃん」こと、高倉祥吉さんには小さい頃からかわいがってもらった。私とは六歳違いだった。

祥吉さんは大日本印刷に就職し、バレーボールのセッターとして実業団で活躍するスポーツマンだった。祥吉さんには美術館の評議員になってもらっていたが、二〇二一年病気で他界した。

おなじ頃、一緒によく遊んだのが、私とは二歳ちがいの幹男こと「みきちゃん」。全康さんの三男で、私の叔父さんになる。歳が近かったので、おたがい名前を呼びあっていた。熊野さんがみきちゃんを育てていた。全康さんは子育てができなくて、親や姉妹に自分の子供の面倒を見てもらっていた。

みきちゃんは後年、近鉄奈良駅の商店街に、五坪くらいの小さな寿司屋を開店した。そこで二〇年近く頑張り、やがて奈良市登美ヶ丘に、理想の寿司店を構えるまでになった。近隣に豪邸が建ち並ぶ高級住宅地の高台の一角にある。

座敷からは生駒の山並みが一望でき、足下にはみきちゃん手作りの瀟洒な庭が広がっている。気丈な娘さんも独立して、やはり奈良市内の別な場所に寿司店を出し、共に繁盛している。

これまで気づかなかったが、みきちゃんは、全康さんの母親であるトメさんの里、二岡家の血を強く引いているようだ。戦前、米子で割烹料亭『錦明亭』をはやらせた二岡佐右衛門さんは、みきちゃんの大おじにあたる。店のしつらえや料理へのこだわりは、大おじ譲りにちがいない。

私が入った大阪市立南高等学校、通称「南高《なんこう》」は空堀商店街の近くにあった。こじんまりとした学校で、創立時は女学校だったが、戦後まもない昭和二十一年に男女共学になった。私はその十八期生にあたる。

高校生活は平々凡々として、どこの大学へ行くか、漠然と考えていた。

高校時代の想い出といえば、東京オリンピックの開催の時、九州へ修学旅行に行ったことくらいだろうか。開会式をフェリーの中で見た記憶がある。

私が大学三年だったある日、突然、祖父が上六の家を売却することにしたので、いつまでに新しい家を探せ、と言われた。まったくの寝耳に水の話だった。

私たち家族は急きょ、住まい探しに追われた。祖父は勝手にマンションを見つけ、政子さんと移り住んでいた。どこまでも、自分本位で、情のかけらもないおじいさんに腹が立って仕方なかった。

このとき、祖父に仕えたことがある西岡決隆《さだたか》さんの紹介で、西宮のマンションを見つけ、私たち家族はそこに引っ越した。「上六時代」はそこで終止符を打つことになったが、思えば祖父の身勝手さに翻弄されっぱなしの青少年期だった。

妹にとっても、上六での生活は、楽しいことより辛いことの方が多かったようで、「ほんまに灰色の時代やったわ」と言っていたが、「灰色やない。暗黒の時代や」というのが、私の正直な気持ちだった。

干支占い

それにしても、祖父とはおなじイノシシ生まれなのに、どうしてこうもちがうのか、干支占いしてもらったことがある。

じつは、祖父、父、私と三代にわたって、干支はイノシシである。祖父は明治三十二年の二月生まれ、父の常雄は大正十二年八月生まれ、そして私は昭和二十二年の七月生まれである。

ある占いの本によると、イノシシ年生まれには、遊び猪、病猪《やみじし》（弱猪）、暴れ猪、男猪、家猪（飼猪）があるそうだ。

このうち、祖父は病猪（弱猪）で、父は暴れ猪、私は遊び猪にあたるらしい。

祖父の干支が病猪だというと、違和感をおぼえる人がいるかもしれないが、祖父は何事も即断即決するタイプでありながら、あんがい女性的なところがあり、側近に相談して決めることが少なくなかった。

思いつきやひらめきは、天性のものがあった。その意味では、祖父は卓越した才能の持ち主といえた。ただ、それは多くの人たちの献身的な支えがあったからこそできたところもあった。

運勢が強い人の特徴としては、常識や世間一般の考え方に流されることなく、自分の価値観を大切にするところがある。その反面、他人を思いやる気持ちも人一倍もっているらしい。裏返せば、それは一生懸命生きていることの証明でもあって、だからこそ運も味方してくれるのかもしれない。

思いこんだら命がけ、の祖父は典型的なイノシシ武者だった。そうした激しさが執念にも似たコレクター精神を養い、今日に見られるような美術館をつくりあげた。

ただ祖父は余裕があって始めるのではなく、ギリギリの状態で取りかかることが多かった。金がないのにやろうとする、と言うか実際、そうしてやってきた。そのため、まわりの人間はどれだけ振りまわされたことか。

祖父はこらえ性がなくて、会社でもすぐ売りたがった。

時代に先駆けて始めた事業でありながら、我慢できず、手放した途端、急成長した事業、会社が少なくなかった。それらを手元なり、グループとして残しておれば、現在の大手商社に匹敵するようなすごい会社になっていたと思う。

ふつう、あれだけ会社を潰したら、たいていの人間はへこたれる。だが、祖父は一つの事業を興すとき、平行して二つ三つ、別な事業を考えていた。だから、少々のことではめげない。むしろ、それをバネにして、猛烈に奮起するタイプだった。

最終的に祖父の手元に残ったのは、美術館と不動産だった。個人美術館の走りでもあった。

誰かが、「運のいい人は世界の中心に自分を据える」と言っていたが、それは祖父のことであろうか。

ボス猪のあとを追って

十二支のイノシシを漢字で書くと「亥」。「ガイ」「い」と読む。

意味は「核」。核心とか中核のそれである。なにごとに対しても、自信にあふれた態度で接することができる。つまり、ものごとの中心、芯をなすことから、自我を持った、リーダーシップの人間が多いらしい。

ボスの猪は子どもをはじめ、一族郎党を引き連れて走るとき、自分の尻尾をピーンと垂直に立て、旗印にして走るという。自分たちはもしかしたら、おじいさんのあとを必死に追いかけているのかもしれない。

父・常雄の生年は荒猪、暴れ猪にあたる。無茶苦茶な行動や常識はずれの言動が多いとされる。実際の父は温厚で、縁の下の力持ち的なところがあり、誰からも好かれる性格だった。ただ実直すぎて、人に利用されるところがあり、損な役まわりをさせられることが少なくなかった。

子供の頃から祖父の手足となって働き、亡くなる最後まで全康さんに付いていった。それが父の運命であり、人生だった。

私が該当する「遊び猪」生まれの人間は、野山を呑気に遊びまわるタイプが多いらしい。本業にはあまり熱心でなく、他のことに熱中しやすいところがあって、正直で小心で遠慮がちだという。はたして自分はどうであろうか。

正直言って、私は仕事を放り投げて遊ぶような性格ではない。何事も自分の目で確かめ、納得しないと動かない、真面目で責任感が強いほうだと思っている。石橋をたたいて渡らなければならないような話には乗らない。そういうところは、思いつきやひらめきを重視した祖父とは決定的に違っている。

甲斐性のある男をさして、「飲む・打つ・買う」という俚諺《りげん》があるが、私は酒は大好きだが、博打を打ったり、女遊びに呆けるようなことはない。株にも興味はない。元々、損をするのが嫌いなので、賭け事には手を出さない。

変な野心を持たず、祖父が遺した美術館を維持し、守っていくのが、私に与えられたつとめ、使命だろうと思っている。

第五章

青春の光と影

〜迷走の日々

大学生活の思い出

一九六六年（昭和四十一年）、私は神戸市東灘区にある甲南大学経営学部に進学した。南校から甲南大に入ったのは、私が初めてだと、あとで学校の関係者から聞いた。

昭和45年11月3日　足立美術館開館記念
後列左より小松君、岡本喜八監督、妹、筆者

甲南大はお坊ちゃん学校と言われるが、授業料は関西学院大や同志社大にくらべたら、むしろ安かった。ただ、派手でおしゃれな感じの人間が多かった。それが校風というものかもしれない。小林製薬とか武田薬品など、大きな会社の御曹司がたくさんいた。中には車で送り迎えしてもらう学生もいた。

当時、はやっていたアイビールックで決めた学生が目立った。髪を七三分けにし、ボタンダウンシャツ、三つボタンのブレザー、コットンパンツ、ローファーという、それである。

私はしかし、流行に惑わされたり、みんなとつるんで行動するような性格ではなかった。ファッションにもさほど興味はなかった。

当時は、学園闘争が吹き荒れた時代だったが、関西は東京のように、紛争に巻き込まれることはなかった。そういう風土ではなかったし、特に私立は学生運動とはほとんど関係がなかった。

学生時代はボウリングのサークルに入り、ボウリング場に入りびたっていた。当時のキャプテンは小林製薬の創業家の小林豊さんで、私の二年先輩だった。同期に最年長プロボウラーの西田久良くんがいる。

ボウリングのマラソン大会があって、夜の十時から投げ始め、翌朝の六時までやったこともある。いわゆるボウリングブームのさなかで、二時間待ち三時間待ちが当たり前という時代だった。サークルに入っていたおかげで、四国の高松や松山のボウリング場に、アルバイトでよく行った。それがいい小遣い稼ぎになった。四人がひと組になって、レーンのレベルを検定した。当時はまだインストラクターの制度が整っていなかった。

ボウリングが縁で、他校との交流が生まれ、新しい友人が何人かできた。

その中で特に親しくなったのは、関西学院大の小松博行くん、山下光明くん、桃山学院大の松本正秀くん。このうち、松本くんとは中学時代から仲が良かったが、五十歳のとき心筋梗塞で急逝したのは残念でならない。

小松くんとは現在も親交がある。住まいが岡山市内でわりと近いこともあって、美術館が開館した折、妹の説子と一緒に、ビラ配りや受付の手伝いをしてもらった。付き合いは五十年以上に及ぶ。ゴルフ友達でもあり、現在、当館の監事を引き受けてもらっている。

近頃はテニスにはまり、体調管理に努めているようだが、おたがい、いつまでも健康で若々しくありたいものである。

二〇一三年（平成二十五年）、ボウリング仲間が集まり、レストラン『あしや竹園』で、すき焼きに舌鼓を打った。その日、集まった何人かが後日、美術館に来てくれ、義理堅さに感謝したものだった。

学年はかなり離れるが、一三年に小原流の五世家元・小原宏貴さんが美術館を訪ねてきた。聞けば、家元は甲南大学の経営学部卒で、私の後輩という。ほっそりとして、いかにも今風の好青年という感じだった。

用向きは、小原流会員誌『小原流挿花』（月刊誌）で、〝小原宏貴のネオ出雲風土記〟の特集を組むので、スペシャル対談としてご登場いただきたいという話だった。

私は生け花の素養はまったくないが、特にお断りする理由もないので、お相手をさせてもらった。五世は、六歳で家元を継承したそうで、子供の頃はずいぶんいじめられたと聞き、どこか自分と似ているように感じた。

五世家元は現在、小原流研究院院長、公益財団法人日本いけばな芸術協会理事長などの要職にある。何に限らず、輝かしい先祖の芸を絶やさず、新たな道を切り開くのは容易なことではない。令和の時代に清新の風を吹き込んでほしいと願っている。

どたばたの就職劇

甲南大のボウリング同好会は二年で終わったが、私がクラブ活動に熱中できたのは、就職の心配を感じていなかったからでもある。

まわりの学生は就職活動に余念がなかった。中には御曹司に取り入り、ちゃっかり就職を世話してもらう者もいた。団塊世代は人間が多く、就職氷河期に直面した、不運の世代と言われた。常に「競争」という二文字がついてまわり、希望する就職先を見つけるのにみんな必死だった。

その点、私はおじいさんが大阪で四つほど会社を経営していたので、のんきに構えていた。車の免許を取っていたことから、絵を運んだり、庭木を探しに宝塚や生駒あたりに出かけたりした。

庭木を買うとき、よく木の前に立たされた。私の背の高さを目安にして選んでいた。ただ、何のために買うのか、わからなかった。当時、美術館をつくる話は聞かされていなかった。

そんな経緯もあって、私は三年次までにほとんどの単位を取っていた。もっとも、成績のほうは可ばかりで、とても胸を張れるものではなかった。四年生の時点ではゼミを受けるだけでよかった。

ある日、まわりが次々と就職先を決めるので、祖父に就職のことを相談したら、

「男はいらん。就職先は勝手に探せ」と何ともつれない返事だった。

このときほど、自分の見通しの甘さを思い知らされたことはない。

祖父の自伝のなかの台詞ではないが、

「おじいさん、そりゃあ、あんまりじゃないですか」と泣き言の一つも言いたいくらいだった。かわいい子には旅をさせよ、という祖父の愛のムチと思いたいが、私には薄情なおじいさんとしか思えなかった。

祖父は筆者の背の高さを目安に庭木を選んでいた
（祖父撮影）

私はあわてて職探しに奔走する羽目になった。

そしてコネを使って就職したのが「安永理研」だった。テントやシートなどを製造販売する会社で、東京の銀座に本社があった。母体は福岡にあり、佐賀など九州に何カ所か工場があった。

折しも、一九七〇年三月、「人類の進歩

と調和」をテーマに、大阪府吹田市の千里丘陵で日本万国博覧会が開催された。入場者は目標を大きく上回る六千四百万人を記録し、日本の国際化が一気に進みだした。テント業界にとっても「テントの花が咲いた」と言われるほど、飛躍の契機ともなった。

社会勉強

入社してまもなく、佐賀県多久市に研修に行った。そこに鉄の加工とかメッキ加工をする工場があった。

私たち新入社員四人が降り立ったのは、単線のうらさびしい駅だった。ぼた山の中にぽつんと三階建ての寮があった。明かりが三つか四つしか点いていない。部屋はがら空きだった。

ぼた山を見たのは、生まれて初めてだった。

あたり一体が黒く煤けて、廃墟のようだった。昼休みに流れてくる、NHKラジオのアナウンサーのナレーションが哀調を帯びていて、寂しさがこみ上げてきた。特に蒸気機関車が汽笛を鳴らすと、胸が締めつけられそうになった。

夜になると、さらに孤独感が増した。物音一つしなかった。漆黒の闇が地の底から迫ってくるようだった。そこで二月から三月にかけて、約一カ月を過ごした。

東京では会社の寮に入り、自炊生活を始めた。

自分がいま、家で料理をつくったり、掃除をしたりするのが苦にならないのは、そのときの体験があるからだ。

寮生活で親しくなった仲間はみんな酒豪だった。毎晩が宴会で、コップ酒をあおっていた。そこでとことん鍛えられた。ただ、酒に酔ったときの親父の醜態を見ていたので、そんな酒飲みにだけはなるまいと思っていた。

当時の同僚で、小島一秋（二十代で死去）くん、広本康雄くん、福岡出身の官憲昭くん、熊本出身の谷皓紀さんは、同士みたいなものだった。後年、私が美術館に入ったとき、みんなで来てくれた。

勤め先の会社では、自分の席に座ることはほとんどなかった。営業活動で北海道や北陸、福島の磐城、秩父の石灰の山など、全国のコンビナートを飛びまわった。仕事はきつかったが、見聞きするもの一つ一つが新鮮で、それなりに充実感があった。

一九九六年、東京の高島屋で『横山大観展』をやったとき、安永理研の創業者の安永義一さんが、私のことを覚えていて、わざわざ会いに来てくれた。

「老い先、あまり長くなさそうだからね」と会期中、二、三回お越しいただき、食事をごちそうしてもらった。私にとって忘れられない再会だった。

安永理研はその後、倒産したが、特許をいくつか持っていたので、独立再生して、いまは創業家の息子さんが後を継いでいると聞く。

また、同僚の一人で、新しい会社を立ち上げた広本康雄くんも、慰安旅行ということで、社員二十人くらいを連れて美術館に来てくれた。現在は、東京の小伝馬町で会社の社長をやっている。

安永理研には結局、一九七〇年から一九七三年までお世話になった。

勤めたのは三年に過ぎなかったが、そこで出会った人や体験した数々は、私にとって得がたい社会勉強になった。

大立ち回り

会社員時代、とんでもない事件に巻き込まれたことがあった。

営業で上司と四国の各地をまわっての帰り、私たちは広島から寝台特急『あさかぜ』に乗った。座席は三等寝台車。広島を十九時二十分に発車し、東京には翌朝の七時半に到着する、元祖ブルートレインである。

食堂車に行くと、客はまばらだった。テーブル席に座り、二人で気分良く飲んでいたら、若い四人連れの男たちが入ってきた。彼らはいちばん奥の席に座った。すでにいくらか飲んでいるふうだった。

ふと気づくと、こっち向きに座った男がしきりに睨みつけてくる。いわゆるガンを飛ばすというやつだ。気味悪く思っていたら、突然、男は手にビール瓶を持ち、つかつかと歩いてくると、いきなり後ろから上司の頭を殴りつけた。瞬間、ビール瓶が割れ、上司はその場にうずくまった。

私は一瞬のことで、びっくりする間もなく、男は私に殴りかかってきた。ほかの男たちもやってきた。こうなると、売られた喧嘩はなんとやらで、後には引けない。「表に出ろ」と殴り合い、取っ組み合いが始まった。上司も頭から血を流しながら、喧嘩に加わった。四対二の総勢六人の大立ち回りである。

安永理研　サラリーマン時代（左端が筆者）

騒ぎを聞きつけた車掌が駆けつけ、なんとかその場は収まったが、途中、公安が乗り込んできた。そして六人全員、大阪駅で下ろされ、曾根崎警察署に連行された。深夜の十二時をまわっていた。

そこで明け方まで事情聴取された。

警察の話では、食堂車で殴り合っていたら、ナイフやフォークがあったので、殺傷沙汰になるところだった。ビールも空瓶だから助かった。中に少しでも残っていたら死んでいたかもしれない。そうした話をしながら、四人は自分たちの非を認め、深く反省し謝っているので、許してやってほしいと言った。

聞けば、四人は翌日、自衛隊に入隊することになっており、何としても午前中に東京に着かないといけない。間に合わなければ、一生を棒に振ることになる。ここは穏便にすませてやってほしいと言う。

先に手を出してきたのは彼らであり、われわれに非はない。しかも上司は頭に大けがをした。謝ってすむような話ではない。そんなことを言っていると、四人が部屋に連れてこられて、

「ほんとうに申し訳ありませんでした。どうか許してください」

全員が土下座をして謝った。

四人ともまだ二十歳前のようだった。もしかしたら、まだ酒を飲んではいけない年齢かもしれない。だとしたら、傷害事件を起こした上に飲酒をしていたとなれば、入隊どころの話ではない。担当の警察官はそれらを承知した上で、前途のある若者のために、ここは穏便にすませてやってほしいと言っているのだとわかった。

結局、こちらもこれ以上、事を荒立てないということで話を収めた。

東京に戻って、上司にことの顛末を説明すると、

「足立くんで良かった。これがほかの連中だったら、相手を殴り殺していたかもしれませんよ」

と言われた。

たしかに、社員の中には血の気が多い、腕力もはんぱではない強者が何人もいた。私は複雑な心境だったが、一歩間違えば、留置場に入っていたかもしれない。すんでのところで守られたような気がした。

もう五十年以上も前の話だが、彼らはちゃんと入隊できたのだろうか。その後、どんな人生を歩んだのだろうか。ふと思い出すことがある。

営業まわり

安永理研を辞めることになったのは、美術館の仕事を手伝うためだった。

ある日、父が突然、上京してきて、

「美術館が大変やから、すぐ大阪へ帰ってこい」と言った。

この年、洋画が大暴落し、祖父は十五億円もの損失を出した。そのため大観の作品六十点近くを売却せざるを得なかった。

そんなこともあって、美術館を立て直す必要に迫られていた。しかし、よその人間を雇い入れる余裕はない。そこで身内の私に白羽の矢が立ったというわけである。

入社したあくる日から、私は美術館のパンフレットを持って、大阪のエージェントまわりをした。そしてどこをまわり、どんな話をしたか、毎日、レポートを書くように言われた。

私は一年間、近畿エリアを徹底してまわった。ほとんどが飛び込みだった。大手の旅行代理店から、個人事業のようなところまで、しらみつぶしにあたったが、どこも相手にしてくれなかった。

「美術館がどうして営業まわりせんとあかんの？」とか、「荒島から美術館まで六キロ、往復で十二キロ、ガソリン代がそれなりにかかるし、入場料もかかる。それなら、酒でも飲んでた方がええわ」と言われたこともあった。

そのことを正直に全康さんに伝えると、

「おまえのやり方が悪いんや」

聞く耳を持たぬという返事だった。

祖父にしてみれば、自信満々でつくった美術館なのに、どうして人が来ないのか、納得がいかなかったのだろう。残念ながら、当時はまだ知名度が低く、場所も場所だけに、美術館の魅力を理解してもらうのは至難の業だった。

私の営業まわりは、空まわりの連続だった。

見るに見かねた西岡決隆さんが、自分の会社『三全商事㈱』に来るように言ってくれた。『三全商事㈱』は、西岡さんがやっていた『㈱丸三商店』と、祖父がやっていた『丸全繊維㈱』の二つが一緒になってスタートした合弁会社だった。

西岡さんは若い頃、全康さんがやっていた繊維関係の会社に入り、事業規模を広げたやり手の営業マンだった。祖父も西岡さんのことは高く買っており、信任も篤かったので、認めざるを得なかったようだ。私はそこに七年ほどお世話になった。

美術館の営業をやめた後、私の父があとを引き継ぎ、全国を飛びまわった。それがその後の美術館の営業部へとつながった。

美術館に行きつ戻りつ

一九七四年（昭和四十九年）の秋、私は結婚した。私二十七歳、妻の令子は二十五歳だった。

その結婚式の前日、漫才のような出来事があった。

私が仏壇に手を合わせていたら、うしろからいきなりバケツで水をかけられた。

「何すんねん」

振り返ると、おじいさんがびっくりした顔で、

「忠昭と間違えた」

忠昭さんは全康さんの次男だった。女医さんと結婚していたが、夫婦仲が悪くて、別居状態に

あった。そこでおじいさんが私の結婚式に二人を呼びよせ、よりを戻させるつもりだった。ところが、仲直りどころか、二人は大げんかした。

それに腹を立てた全康さんは、仏壇の前に座っていた私を忠昭さんと見間違え、水をぶっかけたというわけである。何とも人騒がせなおじいさんと叔父である。

次男の忠昭さんは昔から、おじいさんに一番可愛がられたが、ことごとく恩を仇で返すその繰り返しで、とうとう愛想を尽かされた。

風の便りで、晩年は寂しい最期を迎えたと聞いた。親の心子知らず、を地でいったような生き方だった。

昭和49年秋　結婚式　妻令子と

私が三十三歳のとき、業界の流通や簡略化が進み、『三全商事㈱』は、『住商繊維㈱』に吸収合併され、再出発することになった。その後、西岡さんは経営方針などでもめ、会社を去っていった。

そのとき、祖父から、

「親分が辞めたのに、おまえはいつまでそこにおるつもりや。辞めて早う戻ってこい」と催促された。

自分としては会社の居心地は悪くなく、しかも子供が二人おり、マンションも買って借金があった。

そのことを言うと、『丸全㈱』が金を貸すというので、全額返済したのち、住商繊維を辞めて丸全に移った。丸全の仕事は不動産業だった。

そのとき、丸全の番頭さんが、

「給料を上げてやらなあかんですね、一・五倍くらいに」と言ってくれたので、よろこんでいたが、空手形だった。それどころか、

「早う、貸した金を返せ」とせっつかれ、結局、マンションを売る羽目になった。

全康さんは外づらが良く、愛想もよかったが、上手を言うだけだった。

資金繰りに奔走

丸全に在籍時、私は開館十周年事業を手伝ったりしていたが、八一年六月、正式に美術館に籍を置くことになった。

私の仕事は営業ということだったが、それは能力を買われたからではない。身内の私を担保にして銀行から融資を受けるためだった。資金繰りの、いわば人質として雇われたようなものだっ

た。

私は一徹なところがあり、できないことはできない、とはっきり言う。そして言った約束はかならず守る。祖父はそこを見込んだのかもしれない。

全康さんはあかるいしつこさで、私は陰にしつこいタイプと言えようか。しかし、性格が違っていたから、かえってうまくいったところがあった。

何もわからないまま、私は言われる通り、地元のあらゆる銀行を日参した。しかし、どこの銀行も「美術館には貸せない」の一点張りで、色よい返事をしてくれるところはなかった。

そんな中、唯一、S銀行が融資の約束をしてくれた。

地獄に仏とはこのことと、ほっと一息ついていたところ、一週間前になって突然、支店長がやって来て、

「申し訳ありませんが、先日の話はなかったことに」と冷たく言い放った。

私はハンマーで頭を殴られたようで、

「冗談でしょ、いまさら融資ができないって」

「いや、上からの指示がありまして、まことに残念ですが……」

これには私も堪忍袋の緒が切れた。

あれほど約束しておきながら、融資寸前になって断るというのは、信用を第一とする銀行にあ

るまじき裏切りである。

「今後、いかなる理由があろうと、お宅とは一切縁を切る」

怒りと悔しさと無念さで、その晩は一睡もできなかった。

威勢のいい啖呵を切ったものの、この難局をどう乗り切ったものか。刀折れ、矢尽きた、という絶望感に押しつぶされそうだった。

その絶体絶命の窮地を救ってくれたのは、大同生命保険相互会社の元取締役会長の益邑健さんだった。益邑さんは祖父と共同出資の会社を起こした、ビジネスパートナーでもあった。祖父とは公私の枠を超えて親交が深く、祖父が美術館を開館した折にはご夫妻でお越しいただいた。信義に篤い益邑さんは、美術館の窮状を察してすぐに動いてくれた。そのとき、祖父の威光をあらためて思い知らされた。

だが、事の真相を言えば、全康さんが後先考えず、借金を重ねたそのつけが回ってきたに過ぎない。いわば自業自得だったのを、益邑さんに助けてもらったというのが実情だった。

思えば、私は長い間、祖父にいいようにこき使われてきた。

子供の頃は走り使い、美術館に入ってからは、借金の形として金融機関に頭を下げてまわる、それが私の役目、仕事になっていた。

祖父は「休みは敵」という考えで、丸二年、一日も休まず働き続けた。

花粉症がひどかったが、当時はまだ知られていなくて、怠けているように思われた。見かねた畑崎さんが「休ませないとあかんでしょ」と言ってくれたおかげで、なんとか休日を取ることができるようになった。

おじいさんと一緒にコーヒーを飲んだり、腹を割って食事をするようになったのは、私が美術館に入って二、三年後あたりからだったように思う。

第六章

庭園日本一

~アメリカの専門誌が選定

造園の大傑作と絶賛

美術館の庭の一角に祖父の銅像が建っている。

『案内する足立翁』と銘されたこの立像は、一九八〇年（昭和五十五年）十一月、開館十周年を記念して、関係者から美術館に寄贈された。制作者は長崎『平和祈念像』などで有名な文化勲章受章の北村西望である。

祖父が右手を挙げ、指さしている先には苔庭、枯山水庭があり、その向こうには何層にも重なった山並みが広がっている。高くそびえるのは、毛利と尼子の合戦で毛利氏が本陣を張った勝山である。

「どうぞ見てやってください、これがわしが丹精込めてつくった庭ですわ」

立像を見るたびに、祖父がそう言っているような気がして、

「おじいさん、ほんま、よう頑張りましたなあ」

とねぎらいの言葉の一つもかけたくなってくる。庭を駆け

案内する足立翁

ずりまわっていた、在りし日の祖父の姿がよみがえってくる。

この銅像の足もとに、「庭園日本一」と刻まれた石碑を設置したのは、二〇〇四年（平成十六年）一月九日のことである。

祖父は生前、「世界に誇れる美術館にしたい」と口癖のように話していた。

祖父の発想は簡潔明瞭だった。

美しいものを見れば誰もがよろこび、すがすがしい気持ちになる。だから、人々を感動させるような、ほんものの日本の美を提供しないといけない。それは日本人だけでなく、外国人の心にもかならず響き伝わる。そうすれば美術館に一度ならず、二度三度と足を運んでもらえる……。

そんな祖父の遺志を顕彰するかのような吉報が飛び込んできたのは、二〇〇三年六月のことだった。

アメリカの日本庭園専門誌『ロス庭園　ジャーナル・オブ・ジャパニーズ・ガーデニング（JOJG）』（現・数寄屋リビングマガジン）が、初めて日本の庭園ランキングを発表し、足立美術館の庭園を日本一に選出したのである。

この番付は、「日本庭園イコール京都」「名所史跡」「歴史的価値」といった既成観念にとらわれず、真にすぐれた日本庭園を客観的に評価しよう、ということで企画された。

注目すべきは、審査にあたったのが、日本人を含め、アメリカやオーストラリア、チェコなどの日本庭園の専門家たちだということだ。いっさいの先入観を排除して、インターナショナルなプロの目線によりランキングを付けるという、大胆かつ画期的な試みであった。

過去十年にさかのぼって、五十カ所以上の日本庭園を訪れたことのある審査員が、全国三百八十九カ所の庭園のなかから、庭そのものの質の高さや建物との調和、来館者への対応など、あらゆる角度から総合評価し、足立美術館の日本庭園を第一位に選んだのである。ちなみに第二位は桂離宮だった。

かつて、浮世絵が西欧人によって見直され、また多くの日本美術が欧米で評価されたように、日本人の美意識に対する外国人の審美眼には学ぶところが多々ある。この選定結果は、それまでの日本人の見識、思い込みに一石を投じた。

審査に携わった何人かは、当館の庭園について、「細部にいたるメンテナンス（維持管理）は造園の大傑作だ」と最大級の賛辞を惜しまなかった。

英語圏唯一の日本庭園専門誌

じつは、アメリカの日本庭園専門誌について、私は寡聞《かぶん》にして知らなかった。

二〇〇三年の六月だったろうか、営業部長の西田敏宏さん宛に手紙が来た。差出人は「ジャーナル・オブ・ジャパニーズ・ガーデニングの編集・発行人　ダグラス・ロス」とあり、小さな冊子が二冊同封されていた。

手紙には、前年に美術館に訪れた際、丁重なおもてなしを受けたお礼に続いて、いま新しい号で「日本の美庭二十五選」と題した特集を組んでおり、当館と桂離宮が首位を争っているとあった。同誌は英語圏で唯一の日本庭園情報誌で、庭そのものの美しさを主眼に置いて選んでいるとのこと。企画は、ロス氏が日本に住んでいた近くの、神奈川県の葉山御用邸付属邸あとの「葉山しおさい公園」にちなんで、「しおさいプロジェクト」と名付けられていた。

それからひと月後、こんどは合田玉青《たまお》さんの名前で手紙が届いた。玉青さんはダグラス・M・ロス氏夫人だった。あとで知ったことだが、彼女は現代美術家の合田佐和子さんのご息女だった。足立美術館が一位に決まり、二位は桂離宮だったとの報告に続いて、あらためて企画の趣旨が書き添えてあった。それによると、今までの「名所史跡」に片寄った「有名庭」に惑わされることなく、庭そのものの質を問い、かつ建物との調和、来館者への対応等を含めて評価した、とあった。

選出したのは、日本やアメリカ、オーストラリアなどの庭師さんのうち、過去五年から十年以内に、少なくとも五十以上の日本の庭を見てまわった人に限られているとのことだった。そして日本庭園関係で、最もビジター数の多い英文のウェブサイトにも、当館を紹介したと書いてあった。
ちなみに、そのときの三位から十位までは、武家屋敷野村家（石川県）、蓮華寺（京都府）、山本亭　旧山本栄之助邸（東京都）、二条城二の丸（京都府）、無鄰庵（京都府）、摩訶耶寺《まかやじ》（静岡県）、詩仙堂（京都府）、栗林公園（香川県）の順だった。

アメリカの日本庭園専門誌
「ジャーナル・オブ・ジャパニーズ・ガーデニング」

調べてみると、この専門誌は英語による日本庭園の隔月誌で、一九九九年に創刊されたとあった。造園関係者や大学、公共機関などが購読しており、現在は英語圏を中心に三十七カ国に及んでいる。

発行元はロス庭園で、発行人のダグラス・M・ロス氏は日本で造園を学び、西欧では日本の剪定技術の第一人者だった。

この吉報が美術館に寄せられたとき、祖父が生きていたらどんなに喜んだことだろう、と庭づくりに奔走する祖父の姿がよぎった。

思えば、周囲の誰もが疑心暗鬼でいるなか、祖父はただ一人、「世界一の美術館にしたい」と、気宇壮大な夢を追い続けていた。

死んでなお、こうして夢を一つずつ叶えていく、その執念ともいうべきパワーに、私は畏怖を覚えるのである。

海外メディアも注目

手紙が届いた数か月後、集票結果を詳報した冊子が送られてきた。

本来なら、大いに喜んでいいはずだが、私は今ひとつ気が乗らなかった。発行人その人を知らなかったし、年六回の発行といっても、雑誌が貧弱に見えたので、どこかうさんくさい、眉唾《まゆつば》ものに思えた。それでしばらく、何もしないでほったらかしにしておいた。

そんなある日、ＮＨＫの松江放送局にいた原田悦久さんに会ったとき、この本のことを話したら、

「どういうものか、一度、見せてください」と興味を持たれた様子だった。

私はその時点でもまだ半信半疑だったが、後日、冊子を持参したところ、

「これはすごいことですよ」と原田さんの目の色が変わった。

それからまもなく上京する用事があり、ＮＨＫエデュケーショナルの人にこの雑誌を見せると、

やはり興奮した面持ちで、「ビッグニュースですね」と言った。

　私はそこで初めて、ことの重大さに気づいた。徐々に喜びと責任感がこみ上げてくると同時に、何ごとも見かけだけで判断してはいけない、ということを思い知らされた。

　足立美術館の日本庭園が、桂離宮や二条城、詩仙堂などの名庭を抑えて、日本一に選ばれたというニュースは、すぐさま共同通信社が全国に配信し、大きな反響を呼んだ。

　それに伴い、美術館のホームページへのアクセスも一気にふえた。

　新聞や雑誌だけでなく、海外メディアからも取材依頼が来るようになった。祖父がどういう経歴の持ち主で、どうやってそれほどの美術館、日本庭園をつくることができたのか、というようなことに関心があるようだった。

　ただ、ランキングの発表が行われてからしばらくは、不安がまったくないわけではなかった。『ＪＯＪＧ』がどれほどの権威を持っているのか、審査員の顔ぶれや選考方法はどうなっているのか。正直、わからないところがあった。どこからか横やりが入るのではないか、文句が出てくるのではないか、と内心ヒヤヒヤしていた。

　しかし、それは杞憂だった。どこからもクレームは来なかった。それどころか、足立美術館の庭園をこの目で見てみたい、という声が数多く寄せられた。

　一度、桂離宮の関係者の人たちが美術館に来たことがあった。館内をいろいろと見てまわられたが、何も言わなかった。庭の美しさだけでなく、借景を取り入れたスケールの大きさは、古都にはない存在感を示している。それを目の当たりにして、言葉を差し挟むこともなかった。

実際、桂離宮の庭を見学しようとした場合、三カ月前に応募葉書などで申し込む必要がある。しかも人数は四人までとなっている。当日受付の枠があるが、人数が限られているので、時間帯によっては取れない場合もある。

それに、スタート時間が決まっており、遅刻は許されない。案内ガイドに従って、石橋や石畳の道を一時間くらいかけて歩くので、年配者の方にとってはかなりハードである。マイペースで、自由気ままに歩くことはできない。いくら中身が良くても、それでは来園者への配慮が乏しいと言わざるを得ない。

その点、足立美術館は一年三百六十五日、いつ誰が来ても見られるようになっている。滞在時間も自由だ。それは美術館があくまで、来館者目線に立っているからである。

アメリカを表敬訪問

『JOJG』のランキング発表により、それまで三十万人台だった年間入館者が、翌年は四十万人台を回復した。「外国人が選んだナンバーワンの日本庭園」が美術館の新たなキャッチフレーズになった。

海外の観光客も千人前後だったのが、一気に五千人を超えた。

日本ではこれまで、精神性や宗教的気韻を求める傾向があり、その代表として京都や奈良の古い庭が注目され、名園として評価されてきた。

私が思うに、陰影を伴った、いわゆる侘び寂びのこじんまりとした庭よりも、スケールが大きく、明るくて開放的な庭園の方が、外国人好みのところがあるのかもしれない。とりわけ西欧人はその傾向が強いように思う。

二〇〇四年の四月十七日、ダグラス・ロス夫妻が来館した。

その夏、ロスさんの紹介で、アメリカ人の青年が庭師の勉強をしたいということで、一カ月研修生として働いた。

主宰者のロスさんとはその後、何度か会う機会があったが、庭に対する造詣は半端ではなかった。聞けば、ロスさんは海兵隊員として日本に来ていたとき、玉青さんと知り合ったらしい。そのときすでに庭師の資格を持っており、日本全国の日本庭園を見てまわっていたとのことだった。

私も二〇〇五年の六月、アメリカのメイン州にあるポートランドのロス邸を、妹の大久保説子、娘の知美、映画プロデューサーの岡本みね子さん、丹輪アートの丹羽ひろさん、扇子作家の吉本忠則さん、TSK山陰中央テレビ社員の岡田匠さんの七人で表敬訪問した。草原を思わせる広大な土地で、夫妻は自然の中の暮らしを満喫しているようだった。

ポートランドは、歴史的な街並みが残っており、メイン州の文化・社会・経済の中心地で、漁業と商業を主産業としている。

アメリカでは近年、日本庭園の人気がとても高く、ロスさんが年に二回、十人くらいのツアーを組んで、京都や北陸など、いろんなところを引率案内している。

その企画は好評のようで、今度はどこをまわるのかとか、いつ行くのかなど、まわりからいろいろと要望があるらしい。これはロスさんの人柄があってこそのことだが、庭師としてだけでなく、コーディネーターのセンスがないとやれるものではない。

ロスさんには、当館の庭が四年連続して一位に選ばれたとき、『奇跡の美　足立美術館の日本庭園～四年連続一位を祝して』と題して祝辞を寄せてもらったことがある。その全文を紹介させていただく。

私が主幹をつとめる庭園専門誌『ジャーナル・オブ・ジャパニーズ・ガーデニング』（ＪＯＪＧ）で、日本庭園のランキングを発表して四年。その間、連続して第一位に選ばれた足立美術館の素晴しさと、庭園の維持管理に当たってこられた関係者の方々に、心から敬意を表したいと思います。

これまで全国各地の名園を数多く見てきた私ですが、足立美術館の庭園に接したときの感動はいまも鮮明に覚えています。それはまさに現代の奇跡ともいうべき美しさと品格を備えており、あらためて造園に命を賭した足立全康翁の自然観照の深さ、美意識の高さに眼をみはりました。

貴館の日本庭園が日本のみならず、海外にも広く紹介され、日本文化の啓蒙の一助になることを願ってやみません。

ダグラス・ロス

ポートランドに表敬訪問

ロスさんと面識ができたことがきっかけで、日本庭園を学びたいという人のために、外国人の研修生を受け入れることにした。面接はロスさんがおこなう。

受け入れ条件は、日本語検定試験で少なくてもN4に合格すること、それに園芸、造園、視覚美術などの専門知識があることなどで、採用のハードルはそう高くないと思っている。一番大事なのは、日本庭園を学びたいというやる気である。そこが欠けていてはいくら人柄が良くても採用できない。

これまでに、この条件をクリアした四人を採用したが、その一人、シカゴのジョン・パウエル氏はいま、息子さんと造園会社を経営している。この他、アメリカ人のアブラム・ダルトンくんを研修生として受け入れたが、彼もまた独立し、造園業をやっている。

二〇一五年、民放のテレビ番組の演出で、ポーランドで自宅に広大な日本庭園をつくったセバスティアンさんがやって来た。当館の庭師と一緒になって、仕事を体験してもらったが、日本庭園に寄せる彼の熱い思いが伝わってきて、頼もしく感じたものだった。

受け継がれる「神管理」

足立美術館の名前は近年、国内外で広く知られるようになった。

同誌のランキング発表を知って、足立美術館に興味関心を抱いたという人が少なくない。二位があの桂離宮だったからよけいインパクトが強かったようだ。

庭園の整備で気をつかうのは、砂を掃く作業と、ゴミが落ちていないか、というごく当たり前のことである。庭師だけでなく、職員も毎朝、落ち葉ひろいや庭の掃き掃除をおこなっている。それが一日の始まり、日課となっている。台風があったときなどは、葉っぱが散乱しているので、全員が早出して掃除をする。

実際、一万坪を越える日本庭園を維持管理するのは大変なことだ。いまはやっていないが、昔は面接試験で庭の掃き掃除をさせたことがある。

最近の若い女の子にとっては、なれない、きつい仕事かもしれないが、お客さんが庭を褒めたり、感動したりしているのを間近で見聞きすると、彼女たちもうれしいようだ。誰に言われなくてもすすんでやるようになった。自分がやっていることを、人に褒められるのはうれしいものだ。

いまは、朝早く来られたお客様に喜んでいただけるのなら、と考え、開館時間を三十分早め全職員が庭掃除をしたり、館内を清掃したりしているところを、お客様に見てもらっている。素顔の美術館を知ってもらおうというわけである。

職員総出の庭掃除

足立美術館は毎日来館者があるので、庭の手入れにはいつも万全を期している。心穏やかに芸術作品と向かい合ってもらうためにも、日本庭園の静寂なたたずまいは必要不可欠だ。その意味において、日本画と日本庭園は不即不離の関係にあるといってもいいように思う。

日本画から目を転じたとき、余韻を損なうような景色が飛び込んできては興ざめだ。

鳥の鳴き声や水のせせらぎ、青々とした木々の緑、凛とした白砂の美しさにくるまれてこそ、当館を訪れた甲斐があるというものだ。

同誌による庭園ランキング発表はその後、毎年続けられ、対象とされる庭園も千カ所を超えている。当館は第一回の発表以来、二十年以上にわたって一位を維持し続けている。メディアの中には、その偉業を「神管理」と称えたところもある。

振り返るに、当館の庭園が一位であり続けたのは、専属の庭師だけでなく、職員総出で朝早くから清掃に取りかかり、一年中、一日たりとも休むことはなく専心してきたからである。この先もその姿勢が変わることはない。

庭は繊細な生きものだ。そして正直だ。手入れを怠ると、すぐにあちこちにほころびが生じ、取り返しがつかなくなる。

神管理とは、特別な技術、作業を指すのではない。職員皆が心を一つにして取り組む、日々の地道な手作業の結晶に他ならない。

来館された方々の誰もが、「すばらしい」とか「心が洗われるようだ」とか「何度でも来てみたい」とよろこびの声をあげ、新鮮な感動をおぼえる……。

それが私たちがめざし、求める美術館である。

第七章

庭は生きた芸術品

庭は一幅の絵画

足立美術館の日本庭園にはいくつもの顔がある。

玄関前の、来館者を迎える玄関の庭に始まり、館内を進むと、雅やかな情趣がただよう苔庭、自然と人工美が織りなす枯山水庭、泉水を配した池庭、そして横山大観の絵画をイメージした白砂青松庭……と続き、変化に富んだ庭が鑑賞できるよう構成されている。

庭園の広さは一万三千坪、背景の山々も含めると、およそ五万坪（約十六万五千平方メートル）におよぶ。一つの敷地内に、これほど多彩かつ変化に富んだ日本庭園を有している美術館は、世界でも類例がないだろう。

これらの庭園は、祖父が朝な夕な手塩にかけて築き上げた、情熱と執念の結晶である。祖父は生前、口癖のように「庭もまた一幅の絵画である」と語り、自分が思い描いた庭づくりに後半生を捧げた。

庭づくりにあたっては、京都の二条城や住友家の別邸、橋本関雪の白沙村荘といった、個性的な名園を見て歩き、その芸術的気韻に大いに刺激を受けた。そして植栽の松や自然石を求めて全国を飛びまわり、自分の眼にかなったものだけを収集していった。

八百本にのぼる赤松は主に能登半島から、枯山水庭に使っている奇岩巨岩は岡山県新見市の小坂部川から、それぞれ持ち運んできた。一木一草から白砂の一粒にいたるまで、すべてに祖父の息吹がそそがれている。

尋常小学校六年生の時、近くの雲樹寺の庭を見て深く感動した祖父にとって、庭づくりは積年の夢でもあった。

じつは祖父の父、覚市も庭いじりが大好きだったそうだから、足立家には庭づくりへの熱い思いが、血脈として受け継がれているのかもしれない。

一九七〇年（昭和四十五年）の開館時の庭園は、「昭和の小堀遠州」と称えられた造園家の中根金作先生に設計してもらった。それまで田んぼだった所を、築山林泉式庭園と枯山水式庭園に生まれ変わらせたのだった。

何ごとも思いこんだら命がけの祖父は、設計図をもとに自分の審美眼に叶う庭づくりに奔走した。ブルドーザーやクレーン車が動きまわるなか、自ら陣頭指揮に立ち、木々の選定から庭石の配置、築山の傾斜、植木の枝ぶりまで入念にチェックしていった。

寝ても醒めても庭、庭、庭という感じだった。

起きるとすぐに庭師を呼び、「あの松は借景とのバランスがようないから、外庭の松と取り替えてくれ」とか、「枝ぶりが気にいらん。ちょっと向きを変えてほしい」とか、「あの石をもう少し小さいのに替えよう」などと、それは大変な熱の入れようだった。

それこそ毎日、庭のどこかをいじくりまわしていた。そうした作業は晩年まで途絶えることはなかった。そのため設計時の面影はほとんど残っていない。

「庭づくりはやればやるほど奥が深くて面白い。庭がよければ建物も映えるし、周囲の空気も引き締まる」

そう信じて疑わなかった祖父は、日本一の庭園をつくることで人生の集大成をはかろうとしたのかもしれない。

昭和32年8月　曽祖父覚市と筆者10歳（右端）

庭師を束ね、一人ひとりにてきぱきと指示を与えながら、嬉々として庭中を駆けずりまわる祖父の姿が、きのうのことのように思い出される。

何事も中途半端が嫌いな性格だけに、やるとなったら最高のものを求めてとことん突き進む。その颯爽とした働きぶりはさながら、「庭づくりプロジェクト」を取り仕切る敏腕プロデューサーの感があった。

こうして完成したのが、今日に見られる日本庭園である。

後年、来館された中根金作先生は美術館の庭をみて、「これだけ変えられたら、もう自分の作庭とはいえないね」と苦笑まじりに話されたそうだが、庭園を一幅の絵画と考えた祖父にとって、庭園は名画でなければいけなかった。

足立美術館の庭が時として、足立全康作であるというのも、こうした経緯に基づいている。

心のオアシス

山陰の風土は日本庭園にぴったりだ。めまぐるしく変わる不順な気候が、当館の庭園に抑揚と雅致を与えている。

朝、からっと晴れていても、何時間もしないうちに時雨がきて、また雲の隙間から陽が差してくる、といったことがよくある。二重の虹が出ることも珍しくない。

当館を訪れる人が自然と人工のコラボに見惚れ、感動の声を上げるのも、山陰の気候風土のおかげと言えるかもしれない。周囲の山々を見渡しても、人工のものはいっさいない。

庭は日々刻々、表情を変える。日がな一日、見ていて飽きることがない。来たときと帰るときとでは、景色が違っていることがよくある。庭が生きものだということが理屈抜きに実感できる。

喫茶室「翠」のソファに腰を下ろし、何時間も庭を眺めている外国人のお客さんもいる。

庭づくりに際して、祖父が慧眼だったのは、落葉樹をほとんど植えなかったことだ。背景に広がる山は落葉樹が多い。針葉樹は成長が遅いが、落葉樹は成長が早いので、新緑、紅葉、落葉といろんな変化が楽しめる。

広葉樹が色づいたときの、青々とした庭園とのコントラストは何とも言えない。色彩のコラボが目にしみるようである。祖父はそこまで計算していたのかもしれない。

絵のことはよくわからないが、庭だったらわかるような気がする、という人が少なくないのは、日本庭園が頭で理解するものではなく、心で感じ取る、いわば「生きた芸術品」だからではないだろうか。

自然と対峙するのではなく、共生することによって独自の文化、自然観を築き上げた日本民族。日本庭園は民族の血を呼びさます貴重な文化遺産と言っていい。そこには宗教、文学、物語、旅、音楽、歴史といった、人生のさまざまな要諦《ようてい》が凝縮されているように思う。

祖父は日本庭園の魅力について、

「ほんとうの素晴らしい庭は、人々の心を癒してくれる。めまぐるしい現代社会に生きるわれわれだからこそ、都塵を離れ、心を浄め、清涼のひと時を持つ必要がある。

とりわけ、日本庭園は憩いの場、心のオアシスとして日本人の感性に極めて近しいものがあると思う」と自叙伝で語っている。

私もこの言葉に共鳴する一人である。

創立当初の庭にはさほど興趣を覚えなかったが、美術館に籍を置くようになって二、三年くらい経った春先のある日、それまでとは何かがちがう庭のたたずまいに、ふるえるような感動を覚えた。なぜ、そんな気持ちになったのか、自分でもよくわからない。ただ、庭の美しさに心が洗われるようだった。

そのとき、足立美術館がかかげる「名画と名苑」というキャッチフレーズが、すとんと腑に落ちた。すぐれた庭園というのは、名画と同じように、人の魂を揺さぶる強さがあることを実感した。

大観の名画を模す

わが国の庭園の規範とも言える平安時代の庭は、唐絵から荘厳性を、大和絵から叙情性を学び、建築的造形と自然的造形が巧みに融和した独自の様式美を作りあげた。

その後、鎌倉時代に入り、中国から宋元画が流入し、水墨画の力強い立体感はやがて枯山水庭園となって結実した。また書院建築から部屋の四方を囲む障壁画が登場、左右に広がりをもったワイドスクリーンの庭園が誕生することになり、日本庭園はいちだんと奥行きを秘めた造形美を見せるようになった。

当館にはそうした伝統的なエキスが随所に取り入れられている。そこに現代的な感性と日本画の精神を織り込んだところに大きな特徴がある。

日本庭園は昔から、絵画的な景観を理想としてつくられ、立体絵画と呼ばれることがある。自然の姿を写し、凝縮した景観はたしかに「生きた絵画」と言ってもさしつかえないように思う。庭を絵画に見立てたり、逆に絵画からヒントを得て庭の造形を試みた例は少なくない。

当館の白砂青松庭は、横山大観の名作『白沙青松《はくさせいしょう》』を模している。

大観に心酔した祖父は、作品の収集にとどまらず、名画の雰囲気を何とか庭で表現できないものかと思案を重ね、実行に移した。

丘陵に日本の三銘石（佐渡の赤玉石、神戸の本御影石、鳥取の佐治石）の一つと言われる佐治石を配し、白砂の上には大小の松を点在させ、名画を彷彿とさせる景観を生み出した。

佐治石は青黒く、緑がかっているのが特徴で、松の幹と濃い緑の葉、そして白砂と美しいコントラストを見せる。そこに池や灯籠が加わり、配置の妙が見どころとなっている。水墨画における余白の美をも汲み取っていただければ、さらに味わいが増すだろう。

祖父は庭づくりに関しては素人だったが、目の肥えた偉大なる素人だった。

プロになる前は誰でも素人であることを思えば、もしかしたら、祖父は名画、名品を見続けることによって、プロ顔負けの美意識、審美眼を自然と身につけていたのかもしれない。眼力を鍛えようとしたら、名品を数多く見ることだ、とは多くの識者先達が説くところである。芸術鑑賞と自然観照を同時に満喫できる。それが足立美術館である。

祖父が開館時にかかげた「名画と名苑」の真意は、そこにあるということがご理解いただけると思う。

庭園部を設置

祖父は生前、折あるごとに、

「庭づくりは一人でできるものではない。優秀な庭師さんがそろって初めていいものができる。庭の良し悪しはひとえに、庭師さんたちの〝愛情と思いやり〟にかかっている」と話していた。

確かに熟練した庭師のもと、指揮系統がしっかりしていなければ、庭の景観はたちまち損なわれてしまう。

開館当初、庭師はお年寄りが多く、昔気質で身勝手なところがあった。ちょっと甘い顔をすると、仕事をさぼったり、手を抜いたりする。その頃は日給月給で雇っていたので、片手間仕事の気分が抜けなかったのかもしれない。

季節ごとに、京都から庭師を呼んでいたが、このままではいつまでたっても人材が育たないと考え、一九八一年、専属の庭師を職員として雇用し、庭園部をつくった。

初代庭園部長は宇山昭一さんで、二代目が杉原広市さん、三代目が小林伸彦くん、そして四代目が現在の永島達二くんである。

横山大観「白沙青松」

二代目庭園部長の杉原さんは祖父の手足となり、四十年という長きにわたって庭のことだけに専念し、すばらしい庭に育て上げてくれた。労苦を惜しまない、実直であかるい人柄は、あとに続く後進の手本となった。

三代目の小林くんは京都の出身で、学校を卒業と同時に庭師の世界に入り、個人宅の仕事などで腕を磨いた、たたき上げの職人である。仕事で当館にきたのが縁で、当館の職員と結婚、入り婿として広瀬町に移り住んでいた。

そこでうちで働く気はないか、と打診したところ、進路は決めていないとのことだったので、美術館で正式に働いてもらうことにした。

聞けば、昔、うちで仕事をしていたある日、今までにない充実感をおぼえたという。

「庭で仕事をやっているとき、お客さんが庭の美しさを褒め、ため息をついているのが聞こえてきましてね。そういう体験は初めてだったので、あらためて庭師の仕事に誇りとやりがいを感じるようになりました」

そんなことから、私から声をかけられたとき、迷うことなく、当館で「庭師人生」をつらぬく決意をしたという。それがきっかけとなり、若い人たちが徐々に庭園部に入ってくるようになった。

彼もまた粘り強い性格で、どんな細かな作業でも絶対に手を抜くことがない。真面目でコツコツとやる人が庭師に向いており、当美術館に合っているように思う。

小林くんは二〇二二年十二月に定年退職し、いまは永島くんがその後を継いでいる。永島くんは地元の農林高校を卒業後、足立美術館一筋に三十年間、勤めてきて現在に至っている。

庭園部スタッフは、永島くんを含めて、濱田友和、新田真一、河野伊織、山本裕介の五人。二十代の山本くんを除いて、あとは全員四十代になる。私の考えでは、庭師は七人くらいがいいと思っているので、若い世代の人に来てほしいと思っていたところ、二四年の春、大卒と専門学校を出た新人二人が庭園部に入ってきた。

庭師の仕事は、掃除に始まり掃除に終わる、と言われるくらい、地道で根気のいる作業だが、弱音を吐かず頑張ってほしいと願ってやまない。

四代目の庭園部長に就いた永島くんは、メディアの取材を受けたとき、「我々は縁の下の力持ち的な存在です。目立つことなく、これまで受け継いできたことを、これまで通り、当たり前のこととしてやっていくだけのことです。お客さんが喜んでくれたらそれでいいんです。木が大きくなったときは、いつ植え替えたのか、わからないように管理するのが仕事。今、目の前にある庭、それが足立美術館なので」と気負いはない。

庭師を志す後輩たちのよき見本として、庭園部を引っ張ってほしいと思う。

余談ながら、NHK総合テレビの人気番組『サラメシ』で、「庭師のおにぎり」として、当館の庭師が取り上げられた。放映されたのは、二〇二四年一月十八日。

夜明け前、ヘッドライトを点けて、黒松の剪定作業にあたる庭師の仕事を紹介しながら、作業が一段落したあと、手作りのおにぎりを頬張る庭師の姿が映し出された。

全国放送ということもあって、みんなのテンションもモチベーションもずいぶん上がったようだ。メディアに取り上げられるというのは、とても有難いことで、スキルの向上にもつながるところがある。

松は「金食い虫」

庭はつくったら終わり、と思っている人がいるかもしれないが、それは大きな間違いだ。庭の十年後、三十年後はどうなっているか、そこを見据えていないと、人の胸を打つような庭はつくれない。ましてや一万坪を超える日本庭園ともなると、維持管理をするのに途方もない時間と労力、そして経費がかかる。

水やり、草むしり、芝生の刈込み、病虫害防除、木々の剪定《せんてい》、施肥《せひ》、落ち葉拾い、白砂の掃除、池や滝などの水まわりの清掃、生け垣の修理……など、一年を通して休む暇はない。

園内には黒松が約百本、赤松が約八百本、あわせて約九百本あるが、例年八月、専属の庭師のほかに、京都や鳥取の倉吉などから庭師が加わり、一本一本手作業で剪定作業をおこなっている。

当館がよその庭園といちばん違うところは常時、庭木のスペアをつくっていることだろう。プロ野球に二軍、三軍とあるように、松の予備軍を用意し、いつ出番が来てもいいようにスタンバイしている。

松は害虫に弱いので、抗体検査をして、元気がないと予防薬を注射する。だいたい二年に一度くらいのサイクルで、マッケンジーという、松枯れ予防の樹幹注入剤を注射している。人間で言えば、丈夫にするための点滴のようなものだ。

マッケンジーは、軽量のピストル型専用注入器を採用した注入剤である。松一本あたりの注入量が少ないため、少ない薬量で多くの松に処理できるので、作業的にはずいぶん楽だが、当館の場合、九百本もあるので大変である。しかも予備軍もあるので、費用的には目が飛び出るほどになってくる。しかし、そこをケチっては、現在の庭を維持管理することはできない。

絵は買うときは高いが、松は買ってから育てるのにやたら金がかかる。松食い虫ならぬ「金食い虫」でもある。

松の庭を持っている家に金持ちが多いというのも納得がいく。

庭の管理は自然との戦い

祖父が亡くなってからは、私が松の買い付けに行くようになった。

一時は能登の業者に一任し、数年に一回、三十本から五十本くらいを買い付けていた。羽咋《はくい》市で仕入れていたときは杉原さんに任せていたが、その後、自分で行くようになった。

赤松は山陰には少ない。

一度、浜田市にゴルフに行ったとき、たまたまいい赤松を見つけたので、ひと山分、百本ほど買った。高さは二メートルほどで、まだ細い。樹齢は五年から十年くらいだろうか。

いつの年だったか、六月半ば、能登へ赤松を買いに行ったとき、季節外れのヒョウに見舞われた。ピンポン球のような大きさで、当たり所が悪ければ、大けがをするところだった。

これは極端な例だが、自然相手の仕事はハードなことが多い。庭の管理は気まぐれな自然との戦いでもある。

黒松は四国に良いのがある。四国黒松は、瀬戸内の温暖な気候と、雨が少なく水はけの良い土壌が生育に良いとされる。高松市は松盆栽の産地としても名高い。

松の成長速度は環境によって違ってくるが、美術館が開館したのは一九七〇年（昭和四十五年）だから、五十年もたつと幹の太さが倍近くになる。そうなると景観がまるで変わってくる。幹が太くなると、硬い印象になるので、少し細めの柔らかい感じのものに取り替えるようにしている。

一度、庭の一本が松食い虫にやられたことがあった。そのときはすぐに伐採し、焼却した。美術館の周辺の山には松はほとんどない。すべてやられてしまった。

しかし、いま、松食い虫とは違う害虫がはびこっている。大山のナラとかシイが次々とやられている。

ただ、木々はやられてもいつか再び芽吹いてくる。しかし、それには何十年という歳月がかかる。生きているあいだに見られないこともある。だからそうならないよう、ふだんから細心の注意を払わないといけない。

当館の庭師は庭の手入れだけでなく、山ほどあるスペアの木の手入れを怠ることはない。目に見えないところにも気を配っている。三十数年間で庭師としてのレベルが格段に上がった。

たとえば、庭園各所の光悦寺垣は、冬の時期に、庭師たちによって新しい青竹に取り換えている。手前の枠の部分には、ハートの形に見える「猪目《いのめ》」と呼ばれる文様を入れている。よく見ると、竹の節をずらしながら、うまく組み合わせて仕上げている。

日本古来の伝統的な「猪目」には、魔除けや厄除け、そして福を招くという意味がある。そこで二〇二一年に初めて取り入れた。この光悦寺垣も、庭園の新たな撮影スポットになるかもしれない。

また、例年の暮れには、美術館の玄関に「門松」を設置している。

庭師が山から切り出した、太くて立派な孟宗竹や松、梅などを使った、高さが約三メートルにもなるお手製の門松だ。向かって右には優美な赤松を、そして左には力強い黒松を飾り、葉牡丹や南天、千両などで彩りを添えている。全体のバランスを取るため竹の土台が二重となっているのが特徴でもある。

正月気分が抜けた一月中旬には、使い古した竹箒を供養している。職員総出で使用する竹箒は年間約三百六十本にのぼる。二〇二四年はそのうちの約二百本を、感謝の気持ちを込めてお焚き上げした。

生きた立体絵画

京都の寺などでは毎年一回、入札によって、庭師さんを雇い入れ、剪定作業をやってもらっているようだが、当館のように専属の庭師を五、六人も雇っているところはどこにもない。そこからして、庭に対する取り組み、気構えがまったく違う。

先年、京都のあるお寺さんを二十数年ぶりに訪れたが、庭の様子がまるで違っていた。木々が大きくなりすぎて、庭全体がアンバランスになっていた。自然に大きくなった庭木には手を入れないのかもしれないが、山林とか雑木林ならともかく、庭園の木としてはいかがなものか。

名のあるお寺の庭園はほとんどが、その時代の貴族や将軍が見て喜ぶように作庭されている。庭の面積にあわせて、木が植えられ、石が配置され、池がつくられている。つまり、そのときがいちばん見栄えがいいように設計されている。

しかし、百年、二百年後はどうかというと、面積や石の配置、池の形状はまったく変わらないのに、木だけがどんどん幹を太くし、枝葉を広げ、量感を増していく。

古い庭園には、歴史的な意味合いはあるかもしれないが、周囲とのバランスが崩れては何にもならない。

当館は、全体のバランスを考え、別な木に植え替えたり、移したり、あるいはスペアの木と入れ替えたりしている。

庭は調和の美である。

庭師お手製の門松

生け花のように、美しさとバランスを考えながら創り上げていくものだと、私は思っている。当館が専属の庭師を置いているのも、そうした理由による。

何年前だったか、植栽しているツツジが大きくなりすぎ、周囲の景観と合わなくなったので、低い松に取り替えたところ、庭がいちだんと映えた。

生きた立体絵画、それが足立美術館の庭園である。

一期一会の美しさ

庭園の風景の中で、毎年、自分が心待ちにしているのは、春先、モミジの若葉が、芽先に竹とんぼのようなほのかな薄紅をつけるときである。厳しかった冬が終わり、生命の誕生と躍動を予感させる光景を目にすると、自然と心があたたかくなってくる。自然の息吹に触れているという思いが込み上げてきて、人間を鍛えられているような気がする。

美術館にいると、来客や雑事がいろいろとあって、作品をゆっくり鑑賞し、庭を愛でている暇はそうない。それでも館内を行き来していると、風景のほうが勝手に目に飛び込んできて、思わず足を止めることがある。

いつもなら見過ごしてしまいそうな風景が、時間や季節、天候の加減などによって初めて目にするような清新な感動をもたらす。四季の移ろいの中で、たしかに庭が生きていることを思い知らされる一瞬である。

私はそんなとき、よく祖父のことを思い出す。なぜあれほどまで庭づくりに熱中したのか、その気持ちが何となく理解できるようになった。日々刻々変化する庭園の眺めは、一期一会の美しさに満ちあふれている。だからこそ、もっと素晴らしい庭園にしたいと気合いが入ったのだと思う。

近年、マスコミに取り上げてもらう機会が増え、庭師の仕事ぶり、苦労がわかってもらえるようになった。庭師の仕事は縁の下の力持ち的なところがある。

当館の場合、素朴な感じのまま見てもらう方がいい。出しゃばったり、案内ガイドが付いたりしない方がいい。

最近は、若い世代のお客さんが増えつつある。若い人が熱心に美術品を鑑賞し、庭に見惚れている姿はいいものである。

ただ、中には大声で笑ったり、しゃべったりするグループがあって、館内の空気が乱されることがある。海外からの一部の観光客に、そういう人たちが多い。はやるのは歓迎だが、雰囲気がこわされては台無しだ。マナーや礼儀だけはきちんとわきまえてほしい。

以前、厳島神社がある宮島で、長年、ホテルを経営している社長が美術館に来たことがある。そのとき、マナーをわきまえないお客さんが増えてきて、島の景観が一変したと嘆いていた。

心得のある人に来てほしい、というのが私の正直な気持ちである。

第八章

大観は永遠の恋人

祖父の生き甲斐

足立美術館は現在、近・現代の日本画を中心に約二千点を所蔵している。そのうち横山大観の作品は百二十点にのぼる。

一九七〇年（昭和四十五年）の開館時には、今日の基盤となるコレクションがほぼそろっていた。これらの大半は祖父自らが厳選したものだ。これほどの作品を、わずか十年あまりの間に収集できたのは、事業が好調だった上に、名品が比較的入手しやすい時代であったことがあげられよう。しかし、いちばんの要因は、何と言っても、大観に寄せる祖父の熱き情熱であることは間違いない。

祖父は生前、大観への思いをこう綴っている。

「足立美術館は時に『大観美術館』と呼ばれることがあるらしい。近代日本画史に不滅の足跡を刻む横山大観の名品が、数多くコレクションされているところから、そう形容されるのだろう。長年、大観の偉大さに心酔してきた私としては、本懐を遂げた気分である。

大観の魅力をひとことで言うなら、着想と表現力の素晴らしさにあると思う。それは恐らく誰も真似できないだろう。常に新しいものに挑戦し、自分のものとしていったあの旺盛な求道精神が作品に迫力と深み、そして構図のまとまりの良さを生んでいる。百年にひとり、三百年にひとりの画家といわれるゆえんも、そこらあたりにあると思う。

そんな大画家と私のような落第生とが、絵を通じて縁を結ぶというのは、何とも不思議としか言いようがない。人生に対する心意気と気構えにおいて、少しでも似通っているものがあるとすれば、これほど嬉しいことはない」（『庭園日本一　足立美術館をつくった男』より）

祖父はなぜ、それほどまで大観に魅せられたのか。

十代の頃、山陰の雪の中で大八車を引きながら一念発起し、大阪でさまざまな事業を手がけ、やがて国内トップクラスの美術館に育て上げた祖父は、大観の作品だけでなく、その生きざまにも魅了されたのではないだろうか。

大観は烈々たる気魄をもって日本画壇に革命を起こし、一時は革新的な画風を酷評されながらも、院展を再興し、多くの名作を生み出し続けた。そうした生きかたに、辛酸をなめ尽くしてきた祖父は自分の来し方を重ねたのかもしれない。

古い考えに縛られない自由な発想と、何ものも恐れず果敢に立ち向かう在野精神が、二人に共通しているように、私には思われる。

祖父は思いこんだら、何でもとことんやらないと気がすまない性分だった。そうした激しさが執念にも似たコレクター精神を育み、今日に見られるような美術館をつくりあげた、と言っても過言ではない。

祖父は横山大観についても、質量とも「日本一」と言われるほど徹底してコレクションしていった。時に当館が「大観美術館」と呼ばれるのは、そうした祖父へのねぎらいの賛辞でもあろうか。大観の収集は、祖父の生き甲斐そのものでもあった。

運命の出会い

開館二十周年にあたった一九九〇年（平成二年）、〝秋季特別展〟と銘打ち、『横山大観展』（十月十五日〜十一月三十日）を開催した。当館が所蔵する、大観の初期から晩年までの作品七十七点を、全館を使って一堂に展示したのである。

展示を終えた作品群を前にして、私は大観芸術のすごさをあらためて思い知った。観る者の奥底に訴えかけてくる、気韻、覇気のようなものに身震いした。そして大観に惚れ込み、徹底して収集した祖父の生きざまに、神がかり的なものを感じた。

全館、大観の作品で埋め尽くすという試みは、もちろんお客様に喜んでいただくための特別企画だったが、祖父が元気なうちに、大観を心置きなく見せてやりたいとの思いが、私の中にはあった。

その頃、祖父は自力で歩くのもままならないほど体力が弱っていた。年内いっぱい、持つかどうか。日に日に衰えていく祖父の姿は、声をかけるのもためらわれるほどだった。

開館記念日にあたる十一月三日、祖父を車椅子に乗せ、私と妹は館内をゆっくりと観てまわった。開館前の場内はしんと静まりかえっていた。

祖父は車椅子から身を乗り出すようにして、作品一点一点に見入っていた。ふだんは話し好きの祖父も、そのときはただ作品に心をあずけるというふうだった。

私にはその姿が大観と会話しているようにも、これまでの自分の来し方を思い返しているようにも感じられた。

私は心の中で、

「おじいさん、ほんま、ようこれだけのものを集めはりましたなあ。長い間、お疲れさんでした」

とねぎらいの言葉をかけた。

それからひと月半後、祖父は九十二歳の生涯を閉じた。

思えば、祖父が横山大観の作品に初めて出会ったのは、戦後間もない昭和二十二、三年頃だというから、ちょうど私が生まれた頃の話である。

その時期、祖父は美術とはまったく無縁の世界を送っていた。大阪の船場を舞台に繊維関係の仕事を手がけ、東奔西走する毎日だった。

そんなある日、心斎橋通りを自転車で通りかかったとき、バラック建ての骨董店に二点の掛軸がかかっているのが目にとまった。

祖父はそのうちの一点、日の出を描いた絵に強く魅かれた。作者の名前を見ると、横山大観『蓬萊山』とあった。値段は八万円。当時の船場の土地が坪三千円だったから、二十五、六坪は買えるほどの金額である。とても手が出る値段ではなかったが、見れば見るほど惹きつけられ、毎日、暇をみては自転車で見に行ったという。まさに運命の出会いだった。

祖父はそのときのことを次のように語っている。

「じっとその絵を見ていると、胸がすうっとするような、何とも言えない荘厳な気持ちになる。そんな体験は生まれて初めてだった。絵の魅力というか、大きさというものが何となくわかったような気がした」

子供時代は、出来の悪い劣等生だった祖父も、図画だけは先生に褒められ、一人前に扱ってもらえたそうだから、あるいは眠っていた美術への興味、関心が突然、芽吹いたのかもしれない。

「いつかかならず大観の絵を買ってやるぞ！」

祖父はかたく心に誓ったのだった。

「海山十題」に賭けた思い

大観の「海に因む十題・山に因む十題」、世に言う「海山十題」の図録を手に入れた祖父は、その中の一点『雨霽《あめは》る』にいたく感動し、画集を切り抜いて、十数年もの長い間、木製の額に飾っていた。

「海山十題」は、精神主義の集大成ともいうべき大観七十二歳の時の名作である。

戦時下にあった一九四〇年（昭和十五年）四月、大観は自らの画業五十年と紀元二千六百年を記念し、海を主題に描いた十作品を日本橋三越で、富士を主題に描いた十作品を日本橋髙島屋でそれぞれ発表した。

展覧会は評論家たちに絶賛され、うわさを聞きつけた人々で、連日、大行列ができたという。当時の金で、一幅二万五千円という破格の値段も大きな話題となった。出品作は完売し、大観は売上総額の五十万円をそっくり陸海軍両省に献納した。それにより四機の戦闘機が購入され、「大観号」と名付けられた。

後年、この逸話を知った祖父は、日本国を想う大観の気宇壮大な精神に感激し、ますます惚れこんでいった。

「海山十題」はしかし、時代の波に翻弄され、流転を重ねるうちに、一部は所在不明となった。そのことから市場関係者の間では、〝幻の名画〟と呼ばれるようになった。

古今東西、名画は人を惑わし、虜にする魔力を持つがゆえに、往々にして行方をくらますことがある。

名画が個人の所蔵になった場合、秘蔵されたまま闇の彼方に消えてしまったり、人知れず転売されたりすることが少なくない。それは歴史が証明するところである。

横山大観「雨霽る」

祖父は美術館の顔として、「海山十題」を手に入れたいと渇望するようになった。屈指の大観コレクションを誇りながら「海山十題」が一点もないというのは、まさに画竜点睛を欠く思いだった。

だが、現実問題として、入手するのはほとんど夢物語に近かった。大観の中でもとりわけ人気が高い「海山十題」が、市場に出てくることはまず考えられなかった。出てきたとしても、まず贋作と疑ってかかれというのが通り相場だった。「海山十題」を手に入れることは、祖父の悲願となった。

合縁奇縁

一九七八年四月のことだった。

名古屋で開催された『横山大観展』を見に行った祖父は、そこに出ていた六曲一双屏風『紅葉』（一九三一年、再興第十八回院展出品作）に言葉も出ないほどの衝撃を受ける。『紅葉』は長く秘蔵されたまま、その展覧会まで一般公開されたことはなかった。祖父が目をみはったのも無理はなかった。

六曲屏風の大部分を群青で彩り、その上にプラチナでさざ波を描き、そこに真っ赤に燃えさかる紅葉を配したこの絵は、絢爛豪華にして清冽な日本の秋の風情を感じさせる、大観の最高傑作の一つである。

持ち主を調べたところ、これまで門外不出とされていた「北沢コレクション」だとわかった。北沢コレクションは、東洋バルブの創業者・北澤國男氏が買い集めた美術品で、それまでほとんど公開されたことがないことから、〝幻のコレクション〟と言われていた。

それらの作品が東洋バルブの倒産に伴い、管財人の手元に保管されている、と知った祖父は武者震いした。思ってもみない耳寄りな話である。しかも、『紅葉』以外に二十数点の大観作品があるという。

リストを見ると、『神州第一峰』『春風秋雨』『夜深し』『梅花薫る』『麗日』『漁火』など、名品ばかりだった。さらに驚いたことに、祖父が夢にまで見た『雨霽る』と『海潮四題・夏』がその中に含まれていたのは、奇跡と言うより、もはや運命といったほうがいいかもしれない。

祖父が目の色を変え、資金作りに奔走したのは言うまでもない。

購入に至るまでには紆余曲折があり、話がこわれそうになった時もあったが、祖父は管財人のお歴々を前にして熱弁を振るった。

「(『海山十題』は)大観が日本国のためを思うて描いた記念碑的な絵です。美術館が持ってこそ、はじめて価値も高まるゆうもんで、広く一般に、愛好者に公開することは、われわれの務めでもあると考えちょります」

こうして旧北沢コレクションの大観作品二十点が当館へ輿入れした。

当時の金額にして、八億円という破格の取引きだったこともあって、NHK総合テレビの『スタジオ102』や、日本経済新聞などに大きく取り上げられた。

祖父は後年、「安い買い物やった」と言っていたが、その後の経済情勢をみれば、たしかにその通りだった。これを機に、足立美術館イコール大観美術館というイメージが定着した。「大観は一生の恋人」と公言してはばからなかった祖父の思い入れは、大きくなる一方だった。

それだけに、『海潮四題・冬』が売りに出るかもしれない、という話を聞いたときの祖父の意気込みは半端ではなかった。

情報をもたらしてくれた美術商に、祖父は五年間にわたってほぼ毎週、土曜日の午後二時、「まだ出んかのう、何とかなりませんかのう」

電話をかけ続けたのだった。

その粘りと熱意、しつこさに美術商さんも心打たれ、ついに『海潮四題・冬』が美術館に入ることになった。この絵は「海に因む十題」の中でも、特に出来が良いと言われ、祖父も大好きな絵の一点だった。

祖父の生存中、もう一点入手したのが『曙色』である。「海に因む十題」のなかの一点である。

この絵については、外国にあった「海山十題」らしいという、東京の画商さんからの不確かな情報が第一報だった。いかにも胡散臭そうな話だったが、すぐに持ってくるようにという、祖父の待ったなしの対応が決め手になった。それでも、持ち込んだ画商さんはもとより、祖父も含め、まわりの誰もがたぶん贋作だろうと思っていたが、正真正銘の本物だとわかった。

不幸な戦争をはさんで流転を重ねながら、アメリカで発見され、当館に安住の地を見出すことになったのは、やはり運命としか言いようがない。

絵との出会いもまた合縁奇縁である。

美の伝道者

美術品の購入に際して、祖父は画商さんとの付き合いを大切にしてきた。目利きで信用があり、しかも名品を動かす力がある画商さんもまた、美の伝道者である。当館と「海山十題」を結びつけてくれた画商さんの誰もが、商売を越えた熱意と仕事への誇りを持っていた。

当初は、無謀と思われた「海山十題」の収集だったが、祖父の生存中、四点もの名品を所蔵できたのは、奇跡と言わざるを得ない。

美術館では一連の大観作品を展示するため、一九八四年九月一日、総工費八億円をかけて「横山大観特別展示館」をオープンした。

「大観美術館」を自他共に認めておきながら、大観の作品があまり展示されていない、という声にこたえて建設したものである。

美術品保護の観点から、展示ケース内を二十四時間完全空調にしたり、人の出入りによって照明が点滅する自動調光にしたりして、お客様がベストの状態で鑑賞できる、最高の展示空間になったと自負している。

展示室には大観の作品を常時、二十点前後展示している。

祖父が亡くなってからも、当館では大観作品の収集につとめている。とりわけ「海山十題」については、

「海山が出たら目をつむって買え」というのが祖父の遺言だった。機会があれば、なんとしても手に入れたいと思っている。

二〇二四年の時点では、当館が所蔵する「海山十題」は八点になった。祖父の死後、新たに四点が加わったことになる。

最初に購入した『乾坤輝く』と『霊峰四趣・夏』は、祖父が生前、追い求めていた作品だった。私も実物を見たとき、他の作品にはない気魄とともに、何か特別な磁力を感じた。

この作品が当館に輿入れすることになったのも、祖父との約束を守ってくれた画商さんの誠意と心意気のおかげであった。

奇跡の連鎖

その後の『龍躍る』と『海潮四題・秋』の購入に関しては、これまた奇跡としか言いようのないドラマがあった。

二〇〇二年（平成十四年）春のことだった。美術界に衝撃が走った。長い間、幻の名画とされてきた「海山十題」のうち、『龍躍る』が六十年ぶりに発見された、と全国紙に報じられたのだった。この作品は大観自身が焼失したと語っていたとされるだけに、美術関係者が驚いたのも無理はなかった。

この『龍躍る』はそれからまもなく、美術商が競りにかけて売買する「交換会」にかけられた。当館としてはもちろん、何としても落札するつもりで、知り合いの画商さんを通して競りに参加した。金に糸目は付けない、それほどの覚悟で臨んだ。ところが、こちらの予想とはおよそかけ離れた金額まで競り上がり、まったく太刀打ちできなかった。

祖父の遺志にならうまでもなく、絶対手に入れるつもりだっただけに、落胆と失望は半端ではなかった。無念さと悔しさで、しばらく放心状態が続いた。

もう「海山十題」とは二度と出会えないかもしれない。そう思うと、ますます虚脱感にさいなまれ、祖父に顔向けできなかった。寝ても覚めても、『龍躍る』がまぶたから消えなかった。

それから半年経ち、どうにか気持ちの整理がつき始めた頃、想像もしない話が舞い込んできた。先の『龍躍る』だけでなく、新たに『海潮四題・秋』の二点を一括購入しないか、というにわかには信じがたい、夢みたいな話だった。

私はわが耳を疑った。

聞けば、戦後のある時期から、何十年も屋敷内の蔵の片隅に二点そろって眠っていたそうで、そのうちの『龍躍る』だけがオークションに出品されたらしかった。しかし、持ち主が家族や身内に無断で出品したことがわかり、結局、八億五千万円まで行ったところで、持ち主が自分で落札したとのことだった。

『龍躍る』は結局、誰の手にも渡らず、コレクターの手元にあるというのが、仲立ちをしてくれた画商さんの説明だった。

さらに続きを聞けば、当館よりも金額的に条件の良い客があったが、所有者の方に、足立美術館のこれまでの来し方と大観作品とのつながりを説明した上で、当館こそが大観作品の輿入れ先としてふさわしい、と強く進言したところ、先方が深い理解を示され、英断されたということだった。

この話を伝え聞いたときは、私も妹も鳥肌が立つほど感動した。

縁を取り持ってくれた画商さんと、持ち主の方の度量の広さに感謝したのはもちろんだが、あらためて思ったのは、祖父の熱き一念が今回の話を招き寄せ、結実させたにちがいないということだ。

空前絶後の「海山十題」展

しかし、喜びに浸っている場合ではなかった。

諸々合わせると、購入金額は二十億円近くにのぼる。その時点で、資金の目途が立っているわけではなかった。買うと約束しておきながら、お金が用意できないとあっては、美術館の面目、信用は地に落ちる。大阪の運営委員からは、銀行から借り入れができるなら、と冷めた物言いだった。

私はすぐに銀行まわりを始めた。一つの銀行から全額を借りるのは無理なので、S銀行を除く五つの銀行に掛け合った。だが、色よい返事をしてくれるところはなかった。大阪からは毎日のように、金の工面は出来たか、と電話がかかってきた。

この絵が美術館にとっていかに大事か。私は全身全霊を込めて、説得とお願いに上がった。大観芸術の傑作、真髄であるばかりでなく、後世に伝え残さないといけない、いわば日本民族の貴重な文化遺産であることを切々と訴えた。そのとき、人を説得することの難しさ、大変さをあらためて思い知らされた。

さいわい、私の熱意は通じ、融資が下りた。二点の大観作品はこうして足立美術館に入ることになった。私の人生の中で一番の高額の買い物だった。

思い返すに、美術館としての魅力と大観との強い縁がなければ、到底まとまる話ではなかったとつくづく思う。ほんとうに奇跡の連鎖としか言いようがない、神がかりのような話であった。

今回の発見によって、「海山十題」の作品全二十点が現存していることがわかった。

それを記念して、二〇〇四年七月から九月にかけて、東京藝術大学大学美術館と足立美術館において、『発見された幻の名画―横山大観「海山十題」展』が開催された。

この空前絶後とも言うべき、歴史的な展覧会がまさか、当館で実現するとは、祖父も想像していなかったのではないか、と思う一方で、いや、あの全康さんのことだから、

「これくらいで満足するんじゃない」

と、あの世からゲキを飛ばしているかもしれない。

当館には現在、八点の「海山十題」がある。一館でこれだけの点数を所有しているところは他にない。名実ともに日本一の大観コレクションが整ったことになる。

海山については、美術館や公的な機関に入っているものは、まず出てくる可能性はないが、何点かは可能性があると思っている。自分の目の黒いうちに、なんとか手に入れたい。

二〇一五年六月一日から十一月三十日まで、開館四十五周年を記念して、日本画コレクション

の中から選りすぐりの名品を、前期・後期にわけて一挙公開した。

前期では、祖父が生存中に収集したコレクションとして、横山大観の『無我』『曳船』『海潮四題・夏』『雨霽る』をはじめ、竹内栖鳳『五月晴』、川合玉堂『夕月夜』、菱田春草『猫梅』、上村松園『待月』、橋本関雪『夏夕』、川端龍子『愛染』、榊原紫峰『梅花群禽』、伊東深水『夢多き頃』などを展示。

後期では、祖父の遺志を継いで新たにコレクションした、横山大観の『霊峰四趣・夏』『乾坤輝く』『龍躍る』『海潮四題・秋』、竹内栖鳳『雨霽』、上村松園『娘深雪』、小林古径『楊貴妃』、橋本関雪『唐犬図』、安田靫彦『王昭君』などを展示した。

半年近くにわたって開催されたこの企画展は、近代日本画の巨匠たちの作品が通覧できただけでなく、足立美術館のコレクションの質の高さを、あらためて内外に知らしめるものになったと自負している。

近代日本画壇を牽引した横山大観に惚れ込み、同時代を生き、またその後に続いた画家たちの作品を、しかも名作だけを収集していった祖父の熱き一念に、私は身震いするような感動を覚えた。

大観は生前、富士山を神秘的で尊いものとして崇め、千数百点にものぼる富士図を描いている。近年、悲願でもあった大観の絶筆『不二』を入手した。

当館では、開館五十五周年にあたる二〇二五年に一般公開する予定である。

クローン文化財

美術館では、「海山十題」の八点と『紅葉』の計九点を、「クローン文化財」として恒久保存することにした。

クローン文化財とは、模写技術で屈指の伝統と実力を持つ東京藝術大学のノウハウに、最新のデジタル撮影技術や二次元、三次元の印刷技術、さらに画家による手彩色を融合させることで、文化財を高精度・同質感で再現するというもの。同大学で、文化財保存修復を専門とする宮廻正明名誉教授らが確立し、命名した。

この話を最初に聞いたときは、まだクローン文化財という言葉は使われていなかったが、文化的価値が高い大観の作品については、前々から、その保存と展示方法について考えていたところだった。

元々、日本美術の素材は環境の変化を受けやすい。最善の保存の方策をとっても、展示する場所や状態によって、欠損、剥落、変色などの劣化が生じる。状態を損なうことなく後世に伝え残すベストの方法は、一般に公開しないことだが、美術館としてそんなことができるはずもない。

そんな経緯もあって、宮廻先生から、東京藝大で取り組んでいる、デジタル技術とアナログの利点を最大限に活用した模写作品のことを聞き、お願いすることにした。

「海山十題」は元々、すべて軸装だったが、そのうちの二点だけ額装になっているので、クローンでは軸装と額装とそれぞれ一点ずつ製作し、紙本もそっくりおなじものにした。

文化財の最終的な仕上げは、科学分析した絵具を使うため、分析上では、ほぼ本物と同じになる。単なるコピーとか模写ではない、いわば、「芸術のＤＮＡ」に至るまで復元するというのも、画期的な技術のように思えた。

とにかく作品の保存状態がいいときに、デジタル技術を駆使して、本物とおなじクローン作品をつくり、未来に継承していくことは、美術館としての責務と言っていいかもしれない。

東京藝術大学ではすでに、本物ではなく「クローン文化財のみの美術展」が行われている。そして絵画だけでなく仏像なども手掛けている。

海外でも、ゴッホの『星月夜』、モネの『サン・ラザール駅』、『睡蓮の池・緑のハーモニー』、ドガの『ダンスのレッスン』など、さまざまな名画のクローン文化財が展示されている。

宮廻先生はその取り組みについて、

「クローン文化財は単にオリジナルの作品を『もの』としてコピーするだけでなく、その精神性や制作意図をも再生させる力を持っていいます」と主張する。

宮廻先生には画家としてはもとより、クローン文化財のリーダーとして、活躍の場を一層広げていってほしい。

山に因む十題
霊峰四趣・春
霊峰四趣・夏　足立美術館蔵
霊峰四趣・秋
霊峰四趣・冬
乾坤《けんこん》に輝《かがや》く　足立美術館蔵
朝暉《ちょうき》
砂丘《さきゅう》に聳《そび》ゆ
龍躍る　足立美術館蔵
雨霽《あめは》る　足立美術館蔵
黎明

海に因む十題

海潮四題・春

海潮四題・夏　足立美術館蔵

海潮四題・秋　足立美術館蔵

海潮四題・冬　足立美術館蔵

黒潮

松韻濤聲《しょういんとうせい》

波騒ぐ

浦澳《ほおう》

曙色《しょしょく》　足立美術館蔵

濱海《ひんかい》

第九章

北大路魯山人の魅力

精神の肥やし

足立美術館は「日本画」と「日本庭園」を二枚看板としているが、もう一つ世界に誇れるコレクションがある。稀代の芸術家・北大路魯山人である。

魯山人は、大正から昭和にかけて、陶芸家、書家、美食家として異彩を放った芸術家である。美術道楽をとことん貫き、そこで培った審美眼は、やきものはもとより、書や絵、篆刻《てんこく》、金工芸、漆芸など、幅広いジャンルにわたる。

当館では一九八八年(昭和六十三年)四月、地元出身の河井寛次郎と北大路魯山人の作品を飾る「陶芸館」を開館。一階を寛次郎室、二階を魯山人室とし、それぞれ約五十点の作品を常設展示してきた。

長年、陶芸館を訪れたお客さんの反応を見ていると、魯山人のファンが圧倒的に多く、魯山人の作品をもっと見たいという声が日増しに強くなってきた。魯山人については、テレビドラマになったり、作品展が国内外で頻繁に行われたりして、知名度が抜きん出て高かった。

そうした経緯もあって、開館五十周年記念事業として、老朽化した茶室「寿立庵」を取り壊し、その跡地に「魯山人館」を建てることにした。

茶室「寿立庵」は一九八一年、桂離宮にある小堀遠州作『松琴亭』の面影を写した茶室である。だが、利用客が減り、しかも修理や維持に膨大な費用がかかることがわかり、取り壊すことを決めた。

魯山人は祖父がほれ込んだ一人だった。

「絵も描き、やきものもひねり、料理は一流。彼こそ、天才だ」と絶賛していた。祖父が収集した作品は二百数十点にのぼる。

波乱万丈の人生を送ってきた祖父は美食家でもあったので、料理を芸術の域にまで高め、道楽を尽くした魯山人に惹かれたのは当然かもしれない。

北大路魯山人の個人館の建設は、私の悲願でもあった。魯山人は私がもっとも敬愛してやまない芸術家の一人である。

祖父亡きあと、個人的にも魯山人の作品を買い集めるようになった。私が集めているのは主に徳利、お猪口、ぐい呑み、ジョッキなどで、所蔵点数は六十点近くになる。

収集が小物に片寄っているのは、花入とか鉢、茶器になると、値段が高くて手が出せないからでもある。だが、小品とは言え、実物を手に取り、肌にさわり、景色を眺め、箱書を確認したり……と隅から隅まで目を通していると、ものの価値というか、良し悪しがわかってくる。

魯山人の場合、ぐい呑みであっても、紅志野や織部の完品なら一個三百万円はする。共箱がついていないと、その半分くらいだが、それでも交換会に出るとすぐに買い手がつく。コレクター垂涎《すいえん》の的でもある。

美術品を、「ただ見るのと、買うつもりで見るのとでは、生気が違ってくる」とは、慧眼《けいがん》の文豪・川端康成の至言だが、値段の如何にかかわらず、身銭を切って買うとなると、誰しも真剣にならざるをえない。

私にとって、魯山人は眼力を鍛えるだけでなく、趣味と実益を兼ね備えた「精神の肥やし」となっている。

最高の作品を最高の環境で

当館では、開館以来一貫して、最高の作品を最高の環境と設備でご覧いただくことを、展示のコンセプトにしてきた。

同じ作家のものでも、出来不出来がある。即興的に描いたり、手土産代わりにつくったものなどがあって、すべてが傑作というわけではない。横山大観もそうだが、多作で知られる魯山人の場合はもっと顕著だ。

魯山人館をつくるにあたり、私が心がけたのは、やみくもに集めるのではなく、誰もが目をみ

は る、 良質の作品だけをそろえようということだった。 専門家や美術商の意見を聞きながら、 いろんな書籍、作品集を買い求め、吟味に吟味を重ねて収集していった。妥協はいっさいしなかった。

多作といえば、 大観も生涯に描いた富士の絵は、 千点とも二千点とも言われる。 しかし、 美術品の値打ちは当然ながら、 点数の多寡に左右されるものではない。 作家にとっては描きたいものを描く、 つくりたいものをつくる、 ただそれだけの話である。

肝心なのは、 そこに作者の思いがどれだけ強く深く込められているか、 作品に作家の命が宿っているか、 その一点に尽きる。

開館五十周年にあたった二〇二〇年（令和二年） 春、「魯山人館」 が完成した。

建物は、 鉄筋コンクリート造りの一階建てで、 延べ床面積は約四百五十平方メートル。 赤松が林立する庭園の中、 石畳のアプローチを進み、 奥にたたずむ蔵のようなイメージで設計されている。

室内の照明は、 従来のような部屋を薄暗くして、 スポットライトを当て、 作品を浮かび上がらせるという見せ方ではなく、 明るい光が優しく降りそそぐ、 そんな展示空間になっている。 照明の光を天井に向け、 反射させる、 いわゆる間接照明である。

その開館記念として、 四月一日から 『美の創造者　北大路魯山人』 を開催した。

約五百点を数える当館のコレクションの中から、 傑作の誉れが高い 『金襴手壺』 や刻字看板の代表作『淡海老舗《たんかいろうほ》』、書の大作『いろは屛風』（六曲一双）など、名品百二十点を展示した。私が所蔵する作品も数点出品した。

エントランスロビーの正面を飾る『淡海老舗』は、魯山人が福田大観と名乗っていた若き日の作品だが、すでに大人《たいじん》の風格がうかがえる。『いろは屛風』は七十歳の時の作品で、淡墨で「いろは歌」を豪快に書いている。

魯山人館　外観

料理人でもあった魯山人は、自分の手料理を自分の器にのせて、客に振る舞った。当然、料理をいかにおいしく見せるか、食器との組み合わせを含めて、ライティングにも神経を使ったにちがいない。

当館が照明にこだわったのも、そうした理由があってのことだ。正面だけではなく、後ろや側面まで、光をくまなく当てることによって、作品の魅力を最大限に引き出せるよう工夫している。

絵画は平面だが、陶芸作品は立体なので、角度によって表情を変える。だからこそ、よけい照明にこだわらなくてはいけない。

天井面については、空調の吹き出し口とか、非常照明だとか、ダクトや配線、いろいろなものが飛び出て邪魔になるので、そういうものを極力排した。シンプルに白い天井とし、角をアール状にして、作品に影ができないよう工夫している。

展示ケースも、当館では照明の効果を最大限に発揮するために、四面ガラス張りにしている。ガラスは通常、正面から作品を見ると自分の影が映り込んでしまうが、当館は低反射ガラスを使っているのでそれがない。この低反射ガラスは、当館の展示室すべてで採用している。

ふつうのガラスは少し緑がかっているが、低反射に加え、より透明度の高い高透過ガラスを二枚重ね合わせているので、作品そのものの色が忠実に映し出されるようになっている。これを採用したことで、作品だけに集中できる、最適の鑑賞空間ができあがったと自負している。

当意即妙の味わい

私は持論として、美術品というのは、うまい下手ではなく、良いか悪いか、それに尽きると考えている。うまい下手というのは多分にテクニックをさすが、良いか悪いかは、ずばり作品の本質をとらえた言葉である。

魯山人の作品を見ていると、いつもそのことが頭に浮かぶ。

うまいか下手かという目で見ると、決してうまくは見えない。しかし、よく見ていると、なぐり書きのような書や絵であっても、無造作な手びねりの器であっても、底光りするものがある。生気がみなぎっている。

魯山人の作品はやきものに限らず、書にしても、絵にしても、また篆刻や金工芸、漆芸にしても、どれもが独創的で、自由奔放、当意即妙の味わいがある。

魯山人自身、芸術について、

「芸術は計画とか作為を持たないもの、刻々に生まれ出てくるものである。言葉を換えていうなら、当意即妙の連続である」と言っている。

日本人の美意識の根底には、すべてのものはとどまることなく、移ろい、変化していくという「無常観」の思想がある。

魯山人はそうした日本人の血脈を継承する作家の一人だろう。

移ろいゆく自然に対する畏敬と賛仰の念、それが魯山人芸術の骨格をなしているように思う。全国各地を旅し、逗留しているのも、自然の奥深さに魅せられたからではないだろうか。

実際、魯山人は折にふれて、

「自然美を親とし、師と仰いできた」と言っているが、これはつまり、刻々と移ろう自然そのものが芸術であって、魯山人が追い求めたのも、自然美と人工美を融合した世界であったように思う。

魯山人の魅力について、私の勝手な見立てを言うなら、「強い自我」と「遊び心」の絶妙な調和、それが魯山人芸術の核になっているように思う。見るほどに惹きつけられ、気持ちが高揚してくる。本物の美が持つ「芸術的気韻」とでも言えば良いだろうか。

魯山人自身、

「作家たるもの、美的素養を高くしなければいけない」と諭しているが、美術道楽をとことん貫き、そこから培った審美眼は、誰人《たれびと》も真似することができない輝きを放っている。それは自然美を唯一の師とし、独立自尊の道を歩んだ作家の「生きた証」にほかならない。「自然美礼賛一辺倒」とはけだし名言である。

稀有の芸術家だけが咲かすことのできる「至上の華」、それが魯山人の世界だと私は理解している。

制作は祈りの場

横山大観にも、魯山人と似たところがある。

一見すると、不細工に見えたり、無骨に感じられたりするが、線が生きている。生気がみなぎっている。だからいつまで見ていても飽きることがない。

この二人の天稟《てんぴん》の才を、足立美術館の表看板に掲げられるというのは、何という僥倖《ぎょうこう》だろうか。いち早く二人のコレクションに走った祖父・足立全康の卓見に、今更ながら頭が下がる。

魯山人が遺した作品を通覧しながら、あらためて美術品というのは、歴史と文化の結晶にほかならないことを実感する。そして愚鈍なまでに実直に、美と心中した魯山人にとって、創作は魂の平安を願う「祈りの場」であったような気がしてならない。

魯山人の作品を鑑賞するときは、日本の自然、風土を思い重ねることによって、いっそう興趣がわき、親近感も増してくるように思う。

美食家だった魯山人は『味覚の美と芸術の美』と題した小文の中で、

「私は美味いものが好きで、昔から手の及ぶかぎり、事情の許すかぎり、美味いものを食って来た。私は美術を愛するところから、これも力の許すかぎり美術の鑑賞を試みて来た」と語っている。

この言葉の意味を要約すると、好きこそものの上手なれ、ということではないだろうか。すべてはそこから始まり、そこに尽きると思う。

そうした体験を踏まえた上で、

「初めはいろいろ外国のものなどに魅惑されるのであるが、やがて眼が肥えるに従い、次第に日本のものがよいということがわかってくる。これは書にせよ、絵にせよ、陶器にせよ、料理にせよ、建築、音楽、花にもせよ、庭にもせよ、すべてについて言えるのである」と結論づけている。私も海外へ行くたびに、日本の風土の美しさ、日本文化の奥深さを痛感する一人だが、魯山人のこの言葉は当館のポリシーと相通じるところがある。

何事も、とことん惚れ込むところから、良し悪しが見えてくる。それこそがものを見る目を鍛える、いわゆる審美眼を研ぐいちばんの道であり、原点であると説いているように思う。美というのは、頭で理解するものではない。心で感じ取るものだから、心の目、心眼を磨け、と魯山人は言っていると思うのである。

祖父もまさに、それを実践し、体得したコレクターだった。

魯山人自身、「作家たるもの、美的素養を高くしなければいけない」と諭しているように、たゆまぬ研鑽と努力を忘れては、本物の作家にはなれない、本物の美を見極める力は備わらない、と言いたかったのではないだろうか。

うつわは料理のきもの

魯山人は多作の芸術家として知られている。

生涯に遺した作品の点数は、二十万とも三十万とも言われる。その数字は、普通の陶芸家が生涯をかけても、はたして作れるか、というほどの多さである。

彼が本格的に作陶生活に入ったのは、五十歳を過ぎてからだから、二十年ちょっとで生産したことになる。常識では考えられない、驚異的な点数といっていい。

魯山人の作陶方法の多くは、職人が轆轤《ろくろ》などの基本の仕事をこなし、魯山人が仕上げの手を入れる、いわば分業体制によって生まれたものだが、できあがった作品はまぎれもなく魯山人である。そこがまた魯山人たるゆえんでもあろう。

魯山人の作品を見ていると、自然と気持ちが高揚してくる。

色絵の椿鉢や織部の俎皿《まないたざら》、渋い輝きを放つ銀彩鉢、備前や染付、信楽《しがらき》の花入、志野や信楽の抹茶茶碗といった多種多様のやきもののほか、漆芸作品や書、篆刻、絵画など、あらゆるジャンルにわたる。それらすべてが独自の光彩を放っているのだから、天才としか言いようがない。

私が魯山人に惹かれるのは、自分の趣味嗜好と関係があるかもしれない。

私は酒が好きで、自分でよく料理をする。料理といっても、「酒の肴」程度だが、どんな器に盛り付けるか、それなりに気を配る。

「料理と食器は車の両輪の如き因縁をもってともに発達し、共に進歩しているものと、私は見ている」と語った魯山人は、「うつわは料理のきもの」という名言を遺しているが、まったく同感である。器次第で、料理の見栄えも変わってくる。

魯山人館の照明にこだわったのも、じつはこの言葉がきっかけになっている。

美をきびしく追求した魯山人の姿勢は時に、傍若無人、傲岸不遜と受け取られたようだが、作品には独善的な思い上がりは微塵も感じられない。むしろ、滋味豊かで、親しみやすく、ぬくもりさえ感じられる。

「高みを行く人間は、大衆には決して理解されない」とうそぶいた魯山人だが、自分に正直に、楽しく面白く、というのが彼の芸術的信条であり、人生哲学でもあった。

情味なくして、人の心などつかめるはずはなく、軽妙洒脱な作品など生み出せるはずがない。

二〇一三年（平成二十五年）、日本人の伝統的な食文化である「和食」が、ユネスコ無形文化遺産に登録されたが、魯山人は日本の多様で新鮮な食材に早くから目をとめ、おいしい素材を求めて倦むことがなかった。

幼い頃、養家でひもじい生活を強いられた魯山人は、少しでも待遇をよくするために、三度三度の食事係を買って出たという。そのとき、食材には多くの持ち味があり、食にこだわれば心豊かになることを体得した。

食生活を支える栄養バランス、食卓に添える調度品や器、そして季節の移ろいに心を寄せる日本人の美意識こそ、世界に類を見ない究極の文化だとして、魯山人は料理を芸術の域にまで高めたのだった。

「料理の着物を、料理の風情を美しくあれと祈る」

食と器は一体のものであるとするこの言葉には、超一流の料理人でもあった魯山人の自負と矜恃《きょうじ》がくみ取れる。

魯山人の作品が国内だけでなく、外国人にも幅広い人気を誇っているのは、こうした日本の風土や食材、美に対する深い造詣と思い入れが、民族や国境の壁を越えて、彼らの胸を打つからではないだろうか。

魯山人こそ、和食の素晴らしさをいち早く世界に広めた、功労者の一人だと私は思っている。

「口福《こうふく》」の哲学

当館が所蔵する魯山人の作品の中に、『そめつけ福字平向《ひらむこう》』（一九三〇年頃作）がある。五客一組の皿にそれぞれ、〝福〟の字が書かれている。字体は一皿ずつ違っており、魯山人ならではの洒脱の気が横溢している。この「福」という字は、水注や平鉢、花入などにも書かれており、よほど思い入れが深かったようだ。

魯山人は作陶にあたって、器は使ってこそ生きるとし、料理と器がともに映える、そこに食器の本義があると考えていた。食することは、視覚、味覚、臭覚、聴覚、触覚の五感が充たされることであり、それは美味いものを食べて口の中が幸せになる、いわゆる「口福」につながるというのが、魯山人の哲学だった。

そのエスプリに共感して、フランスの世界的な高級クリスタルブランド『バカラ』が、魯山人の「福」の字をあしらったグラスセットを発売した。

制作にあたって、当館の監修のもと、『そめつけ福字平向』の五つの「福」の字が刻まれ、「グラス ジャパン 福」と名付けられた。グラスを手にするたびに幸福が訪れますように、との願いが込められている。

グラスは五客セットと二客セットの二種類があり、ミュージアムグッズとしても販売されている。

自然美を親とし、師とも仰いできた魯山人は、真の美術家になろうとしたら、「人工美をきわめつくした上に、自然美に眼を向け、これに没入することだ」と説いている。

そうした魯山人の芸術観を思い起こすたびに、自然を借景として、自然と人工の美を融和させた当館の日本庭園を、魯山人にぜひ見てもらいたかったと思う。

魯山人が亡くなったのは、一九五九年（昭和三十四年）だから、足立美術館が開館する十一年前のことである。

魯山人は島根と馴染みがないように思われるが、松江で二度、作陶展を開き、この地を訪れている。亡くなる前年には、松江や玉造温泉に滞在し、宍道湖の景色を満喫したという。

祖父が美術品の収集を始めたのはもう少し後だから、魯山人と会うチャンスはなかったかもしれないが、もし祖父が魯山人と会っていたらどんな話をしただろうか。

魯山人は、自分の思ったこと、信じることを、ずけずけと口にし、人を人として扱わないような激しさを持っていたそうだが、如才ない祖父のことだから、案外、話を合わせ、意気投合するような席を演出したかもしれない。想像するだけで、楽しくなってくる。

バカラ「グラス ジャパン 福 5客アソートセット」

魯山人は亡くなる数年前、文部省から二度にわたって重要無形文化財（人間国宝）認定の要請を受けたが、頑として首を縦に振らなかった。

「芸術家は位階勲等とは無縁であるべきだ」

という自分の信念を最後まで貫き通した気骨の芸術家だった。

魯山人館の開館三周年記念では、『生誕百四十年　北大路魯山人　美と食を追求した芸術家の軌跡』と銘打ち、所蔵の名品を一堂に展示した（会期＝二〇二三年　三月二十八日～六月二十六日)。展覧会は、NHKEテレの『日曜美術館 アートシーン』でも紹介された。

この間、美術館に来られた方々から、

「足立美術館にこれほど魯山人があるとは知りませんでした」とか、「魯山人の魅力がよくわかりました」という声が数多く寄せられた。魯山人の作品を収蔵展示しているところはほかにもあるが、質量共に当館を超えるところはない。

これは私の夢だが、日本庭園に面した一室を魯山人の作品だけで演出し、お猪口を傾けながら、夢うつつの世界をさまよい遊んでみたいものである。

コロナ禍も沈静化しつつあるので、近い将来、ニューヨークで北大路魯山人展をやりたいと考えている。

第十章

現代日本画と足立美術館賞

日本美術院の系譜をたどる

自然美と造形美、そして伝統美。

当館はその融合をコンセプトに、「日本庭園」と「日本画」の美を標榜し、現在に至っている。日本画の主柱をなすのは横山大観だが、ほかにも日本美術史を彩る画家の名品を数多く所蔵している。上村松園、竹内栖鳳、菱田春草、小林古径、鏑木清方、橋本関雪、榊原紫峰、川端龍子、安田靫彦《ゆきひこ》など、質・量ともに国内屈指の内容を誇っている。

日本画の収集にあたって、祖父には長年、思い描いていた夢があった。

それは大観とゆかりの深い日本美術院の系譜をたどり、近代から現代に至る日本美術の流れを一望できるようにしたいというものだった。

祖父は常々、江戸期以前の作品に比べて、明治、大正、昭和、平成の日本画の評価は低すぎる、もっと見直されるべきだと言い続けてきた。大観と同時代を生きた作家の作品を精力的に集めたのは、そんな思いがあってのことだ。

日本美術院は、東京美術学校長の職を退いた岡倉天心が、一八九八年（明治三十一年）、近代国家にふさわしい新しい絵画の創造をめざし、創設した研究団体である。天心とともに美校を辞職した橋本雅邦、横山大観、菱田春草、下村観山ら二十六人が参画した。

天心が没した翌年の一九一四年（大正三年）、文部省美術展覧会に不満を持つ大観や観山らは、在野魂というべき強い覚悟と気概をもって、日本美術院を再興した。

再興の綱領は「芸術の自由研究を主とす。教師なし先輩あり。教習なし研究あり」と宣言するもので、近代日本画の革新を目指している。「再興院展」は日本美術院の公募展の名称として、現在も使われている。

二〇一〇年（平成二十二年）秋、四十周年記念事業として開館した「新館（現代日本画館）」は、祖父の遺訓を汲み、次代を担う現代作家の作品を広く喧伝することを目的としてつくられた。

建物は地下一階、地上二階建てになっており、本館とは、公道の下を通る地下通路でつながっている。開放的で広々とした新館の展示空間は、百五十号、二百号といった大作を心ゆくまで鑑賞することができる。

一階にはミュージアムショップのほかにアートシアター（百席）を併設し、展示解説や講演会など、さまざまな企画を実施している。

その新館のこけら落としとして開催したのが、「再興第九十五回院展」。

秋の院展は、同人および招待、特待、院友らの入選作品あわせて約三百点を展示する、日本画の公募展の一つである。毎年、九月上旬から約二週間、東京都美術館で開催され、その後、ほぼ一年をかけて全国各地を巡回する。

二〇二三年（令和五年）で言えば、東京展のあと、島根（東）展、名古屋展、京都展、岡山展、広島展、横浜展、島根（西）展、福井展へと続く。このうち島根（東）とあるのは当館のことで、新館の展観以降、継続して開催させていただいている。

当館では現在、大家から中堅若手まで、三十数年の歳月をかけて収集した約三百五十点の現代日本画を所蔵している。

新館の完成によって、明治、大正、昭和、平成、令和と、連綿と続く日本美術院の足跡が俯瞰できるようになった。新館では、日本美術院同人の作品と、「足立美術館賞」受賞作品を順次展示している。

日本美術院の同人の先生方は、現代日本画壇をけん引するリーダーとして、先人が築いた「日本美術院の精神」を内に秘め、それぞれ美意識を研ぎ澄ませ、独立自尊の作品世界を追求している。招待や特待の作家たちも、構想を練り、写生を重ね、寝食を忘れて取り組んでいる。それらの作品を目の当たりにすると、あらためて日本美術院のレベルの高さを思い知らされる。

私見だが、いろんな作家が一堂に会する公募展で、自分の琴線にふれる作家、作品を見つけ、応援していくと、絵を見る目も自然と養われていくように思う。

ただ、作品を一点一点じっくり鑑賞しようとすると、優に一時間はかかる。団体ツアーの場合、時間が制約されていることが多く、そのため、新館を素通りせざるを得ないという事情がある。これはかりはどうしようもないが、来館者にはなるべく時間的ゆとりをもって、鑑賞していただけたらと思う。

また、大作を観てまわるのは、体力的にかなりきつい。そんなことから、ソファを設置してほしいという要望もあるが、大作は間近で観るだけでなく、ある程度の引きがないと全体がつかみにくい。その場合、ソファが鑑賞の妨げになる恐れがあるので置いていない。ご理解いただければと思う。

足立美術館賞の創設

現代日本画館の開設に先立ち、当館では、日本美術の発展と将来性ある日本画家の育成に寄与することを目的として、一九九五年から秋の院展に「足立美術館賞」を創設させていただいている。その年はちょうど、開館二十五周年にあたった。

これは当館にふさわしい優秀作を毎回、一点選出し、買い上げるもので、第一回の受賞作は西田俊英の『プシュカールの老人』だった。賞金は五百万円である。

歴史ある日本美術院に、当館の名前を冠した賞を設けさせていただいたのは、大観との縁故によるものと嬉しく思っている。祖父もきっと、あの世で、大観先生にお礼の言葉をかけていることだろう。

院展に足立美術館賞を設けることになったのは、開館二十五周年を迎える二年前、日経リサーチに「入館者アンケート」を依頼したのがきっかけだった。そのとき、「足立美術館賞」を、という声が多く寄せられた。

それに平行して、当館にかかわりの深い方々に、足立美術館への提案アンケートをお願いしていたところ、丹輪アートの丹羽ひろさんから、「日本美術院に足立美術館賞を設けて、選考委員に加えてもらう」という提案がなされた。足立美術館賞というアイデアはあったが、日本美術院に選考委員、という具体案は強く印象に残った。

それからまもなく、二十五周年企画会議を開いた折、足立美術館賞の話が議題にあがった。

当時、理事長だった西岡さんが開口一番、

「学芸さん、どうしたらええやろな」と学芸部長だった妹の大久保説子に聞いた。

「理想の形はもちろん、院展に設けてもらうことですけど……」

岡倉天心、横山大観へとさかのぼる、歴史と権威のある日本美術院展に、開館してまだ日が浅い個人美術館の名前を冠した賞をつくってもらうことなど、はたして実現可能だろうか。

妹のみならず、誰もが疑心暗鬼だった。

西岡さんはしかし、大阪の商売人らしい前向きさで、「ものは試しや。ダメ元で、いっぺん聞くだけでも聞いてみたらどうや」の一言で、妹が上京することになった。

東京・谷中にある院展事務局の方と会い、打診してみたら、まんざらでもないとの感触を得た。とはいえ、院展としても、そう簡単に決められる話ではなかった。

しかし、ちょうど同じ時期に、茨城県天心記念五浦美術館も、賞の新設を申請していたことから、「二つ一緒なら」という、平山郁夫先生の推薦もあって創設が決まった。もし、当館だけだったら実現しなかったかもしれない。

選考委員は当初、内山武夫、私、大久保説子があたっていたが、内山先生の退任（二〇一三年）に伴い、後任として当館の統括本部長であり、学芸部長の安部則男が加わることになった。

安部くんは、私の母方の安部家の出である。

駒澤大学経営学部を卒業後、材木商を営んでいた実家を継ぐため、二年ほど広島県呉市の木材会社に勤めたが、のちに学芸員を志すことを決意。一九九一年、縁あって当美術館に入り、仏教大学で学芸員の資格を取得。内山先生のお世話で、京都国立近代美術館にて研修させていただくなどして経験を積んだ。勤勉で調整力に優れ、学芸部長の要職をしっかりこなしてくれている。

内山先生は祖父の代からお世話になり、開館以来、何かとご指導を受けてきた。京都国立近代美術館長の要職を長く務められ、当館の名誉館長になっていただいた。亡くなられる二年前、美術館「えき」KYOTOにて、『足立美術館 横山大観展』を開催したおり、監修していただいたのが懐かしく思い出される。

秋の院展に続いて、二〇〇五年からは春の院展にも「春の足立美術館賞」を設けさせていただいた。こちらの賞金は二百五十万円である。

春の院展は、終戦直後の一九四五年、「日本美術院小品展覧会」として、日本橋三越本店でスタートした。そのときは十一月に開催されたが、第二回展から春に開催されるようになり、春の院展と呼ばれるようになった。

同展は現在、日本橋三越本店で約二週間、開催した後、約四カ月をかけて全国十数都市を巡回展示する。秋のそれに比べて、習作展、試作展、小品展の意味合いが強い。作品のサイズが小さく、特に同人作家にとっては、実験的な作品を発表する場として位置づけられている。

「春の足立美術館賞」は十回を一区切りとして、二〇一四年にいったん終了したが、新元号に変わったのを機に、二〇二〇年（令和二年）から同賞をあらためて出すことになった。

それに伴い、春の院展も新館で開催することが決まった。日本美術院同人の新作や各賞の受賞作などが並ぶ。

足立美術館賞については、複数回、受賞している作家がいるので、今後は原則的に一作家二点までにしたいと思っている。

多様化する現代社会にあって、創作の世界も大なり小なり、時代の洗礼を受けている。個々の作家が何を考え、どんな思いで描いているのか、「伝統と革新」のはざまで苦闘する現代日本画の実相を、ぜひご覧いただければと思う。

近い将来、これらの作家の中から、日本美術史に名前を刻む画家が一人でも多く輩出することを願ってやまない。さらに言えば、受賞した作品が日本画の発展に重要な役割を果たし、年次を重ねるにつれて、足立コレクションの新しい顔となってくれたら、これほどうれしいことはない。

日本画と情緒性

日本画の楽しみ方の一つとして、画題に注目してみるのも面白いだろう。

作家によってはさほど気にかけない人もいるが、画題はある意味、作家の創作意図を知る手立てになるもので、鑑賞の手引きとして役立つように思う。初めて見聞きする言葉や単語に出合い、何か得した気分になることだってあるかもしれない。

どんな思いでこの絵を描いたのか、何を伝え訴えようとしているのか。題名には作者の心の声が込められている。それは時に美意識を示すものであったり、詩であったり、また作家の人生観だったりする。

私の印象だが、油絵などに比べて、日本画の方が詩的というか、文学的な題名が多いように思う。西欧絵画や現代美術の多くが脳を刺激するのに対して、日本画は脳を休める、いわば人の心をときほぐす情緒性に大きな特徴がある、と私は思っている。その根っこにあるのが日本の美しい風土に寄せる賛仰の心ではないだろうか。

日本画と洋画の違いは、ひと言で言えば、画材の違いということになるが、日本画を志すか、洋画をめざすか、おなじ画家であっても、求める世界はそれぞれ異なるような気がする。

現代日本画館には、現代を生きる画家たちの「生きた証」が展示されている。題材は人物、花鳥、山河、歴史……と様々だが、どれも作者の目と心のフィルターを通して描かれた自分自身の分身、生きざまに他ならない。

「人間が出来てはじめて絵が出来る」とは、横山大観の名言だが、作家一人一人が何を考え、どのように生きようとしているのか、作者の息づかいをくみ取っていただけたらと思う。

これからの日本画壇を背負って立つ、現代作家の作品を収集展示していくことは、美術館の存在意義を高める上でも必要不可欠であり、美術館としての社会的使命であろうと思っている。

余談ながら、次女の足立知美が二〇〇五年、春の院展に『思影』が初入選し、続いて〇七年に『夢の記憶』、〇九年に『月夜の子守歌』、一〇年に『甘い記憶』、二〇年に『瞳の中の記憶』、二一年に『地球のおへそ』が春の院展に入選、また秋の院展には〇九年に『The origin of life』、一八年に『宿る樹』、一九年に『醒めない夢』が入選し、晴れて院友に推挙された。そして二四年の春の院展で『ドコノコ、ココノコ』、秋の院展において『夢模様』が入選、作品的に一皮むけたように感じた。
画家としてはこれからだが、多くの先達の息吹にふれ、心身ともに健やかな人間に成長してほしいものである。

足立美術館賞　歴代受賞作品

第一回（一九九五年）　西田俊英「プシュカールの老人」
第二回（一九九六年）　前原満夫「探梅」
第三回（一九九七年）　岸野　香「呼吸」
第四回（一九九八年）　井手康人「一生補処」
第五回（一九九九年）　小田野尚之「ひととき」
第六回（二〇〇〇年）　吉村誠司「水族館」
第七回（二〇〇一年）　穂苅春雄「天上の家族」
第八回（二〇〇二年）　宮北千織「うたたね」

第九回（二〇〇三年）　倉島重友「穣」
第十回（二〇〇四年）　村岡貴美男「水底の部屋」
第十一回（二〇〇五年）　角島直樹「渡岸を待つ」
第十二回（二〇〇六年）　西田俊英「吉備の鶴」
第十三回（二〇〇七年）　山田　伸「幻影」
第十四回（二〇〇八年）　中村　譲「海陸風」
第十五回（二〇〇九年）　山本浩之「苑」
第十六回（二〇一〇年）　大野逸男「柳生道」
第十七回（二〇一一年）　吉村誠司「陽光」
第十八回（二〇一二年）　番場三雄「タルチョ舞う中で」
第十九回（二〇一三年）　井手康人「百花為誰開」
第二十回（二〇一四年）　國司華子「理」
第二十一回（二〇一五年）　藁谷　実「永遠の彩り」
第二十二回（二〇一六年）　國司華子「もののね」
第二十三回（二〇一七年）　宮北千織「涅槃寂静」
第二十四回（二〇一八年）　染谷香理「月ノ雫」

第二十五回（二〇一九年）　武部雅子「雨後」
第二十六回（二〇二〇年）　岸野　香「音階」
第二十七回（二〇二一年）　井手康人「山乃神」
第二十八回（二〇二二年）　國司華子「1943〈Hommage K〉」
第二十九回（二〇二三年）　水野淳子「きのうのきょうとアシタ」
第三十回（二〇二四年）　松岡　歩「群泳」

春の足立美術館賞　歴代受賞作品
第一回（二〇〇五年）　吉村誠司「秋野」
第二回（二〇〇六年）　村上裕二「ミャーゴの港から」
第三回（二〇〇七年）　松村公嗣「桂林山水」
第四回（二〇〇八年）　守みどり「逢のいろ」
第五回（二〇〇九年）　村岡貴美男「窓の白い手」
第六回（二〇一〇年）　村岡貴美男「イブの庭」
第七回（二〇一一年）　前田　力「雨あがる」
第八回（二〇一二年）　小田野尚之「映」

第九回（二〇一三年）　中村　譲「夜間操業」
第十回（二〇一四年）　西田俊英「観」
第十一回（二〇二〇年）　川﨑麻央「国来、国来」
第十二回（二〇二一年）　永吉秀司「彼岸の雫」
第十三回（二〇二二年）　小針あすか「薄日」
第十四回（二〇二三年）　岩谷晃太「窯の音」
第十五回（二〇二四年）　窪井裕美「窓辺の冬」

第十一章

郷土愛と福祉事業

日本人の美的感覚

二〇一一年（平成二十三年）四月、当館は「公益財団法人」に移行し、私はその代表理事に就任した。公益目的事業として認められるのは「学術、技芸、慈善その他の公益に関する事業であって、不特定かつ多数の者の利益の増進に寄与するものをいう」とされている。「公益」という言葉にあるように、世間の信用が増すと同時に社会的責任も重くなる。

これからの時代、企業はただ収益を求めるだけでなく、社会や地域住民などに貢献していく、社会還元、福祉事業への取り組みが大切になってくるだろう。

美術館が企業と言えるかどうかわからないが、環境活動やボランティアをはじめ、関連団体への寄付や寄贈、教育・啓蒙活動など、社会の一員として行動することは、社会的責務と言えるかもしれない。

若い頃の祖父は金儲けしか頭にないような生活を送っていたが、美術館をつくったのがきっかけで、生まれ育った土地、風土に深い愛着を寄せるようになり、報恩感謝の思いを強くしていった。

七十九歳の春、チャリティーを目的として、自分が描いたなすびの色紙を売ることを思いつき、一万枚の売り上げ金一千万円を山陰中央新報社に寄贈する、と祖父が言いだしたとき、当の山陰中央新報社さんをはじめ、まわりの誰もが本気にしなかった。

しかし、祖父は有言実行、寝る間を惜しんで、毎日、何十枚、何百枚と描き続け、一万枚を描き上げた。もともと、同社では福祉事業団をつくる構想があったことから、祖父の寄付が第一号となった。最終的には一万五千枚くらい描いただろうか。

郷土に寄せる祖父の思いは半端ではなかった。

一九八八年（昭和六十三年）二月、地元の安来市および能義郡の一万二千五百世帯に無料招待券（一世帯につき五枚）を配らせていただいたのも、地元の方々に感謝するとともに、足立美術館の現況、取り組みを、その目で確かめていただきたいとの思いからだった。

一九九二年には安来市、伯太町、広瀬町、東出雲町の計一万五千七百一戸の全家庭に無料招待券を配布した。さらに一九九三年の五月五日、「こどもの日」にあわせて、小中学生の入館を無料にすることを決めた（地元招待は二〇〇八年、こどもの日の招待は二〇二二年まで実施）。

一九九五年の開館二十五周年にあたっては、安来市能義郡消防組合に救急車一台を寄贈させていただいた。

一九九八年春、若い人たちに地元に誇りをもち、郷土の魅力を再認識してもらおうと、「ふるさと再発見授業」をスタートさせた。卒業を間近に控えた安来市の島根県立安来高等学校と、島根県立情報科学高等学校の三年生を毎年、美術館に招待するというもので、始めて二十年以上になる。

十代の多感な時期に、ほんものの美にふれることは、その人の情操教育に役立つだけでない。生活に彩りと潤いをもたらすにちがいない。思い出づくりとともに、美術の素晴らしさを肌に感じて、芸術的感性を養っていただければと思う。

日本人の美的センス、美意識は世界に冠たるものがある、と私は思っている。これはヨーロッパやアメリカ、中国など、各国を訪れるたびに、私が実感していることである。

明治元年に来日したオーストリア外交官のアレクサンダー・F・ヒューブナーは日本人の美意識について、

「欧州では美的感覚は教育によって育まれるが、日本人の美的感覚は天性のものだ」

と指摘している。

さらに続けて、

「芸術の趣味はヨーロッパでは一部の裕福な人の特権であるのに対し、日本の場合は下層階級まていきわたり、すべての日本人が自分の植えた木や花を眺め、水音に耳を傾ける」

と欧州人と日本人の感性の違いを述べている。

感受性は人それぞれだが、美的センスを磨いたり、想像力をかきたてたり、また創作意欲をみなぎらせたり、あるいは安らぎを感じたり……と、美術館で得るものはかならずあるはずだ。

島根の名家～田部《たなべ》家

祖父は生前、私たちに多くの置き土産を遺してくれた。

その最たるものはもちろん、足立美術館だが、それに次いで大きなものがある。それは人、いわゆる名士先達との人脈である。

その代表的存在が、山陰を代表する田部家と坂口家である。両家には祖父同様、私も今日なお、何かとお世話になっている。

一九八一年（昭和五十六年）、私が美術館に帰ってきたとき、祖父に最初に連れて行かれたのが、二十四代田部長右衛門さん（一九三八～一九九九）だった。当時、ＴＳＫ山陰中央テレビの社長をされていた。

二十四代は早くから地域のメディア事業を牽引し、関連事業としてＩＴ産業に進出、放送業界のデジタル化に寄与した慧眼の人でもあった。

その一方、田部美術館の二代目館長として、公募展『茶の湯の造形展』を創設し、茶道美術の継承と新進陶芸作家の育成に力を注いだ。

二十四代に初めてお会いしたとき、

「あなたはどんな本を読んでいますか」と聞かれて返事に窮した。

私は読書が苦手だったので、

「あまり読んでいません」と正直に答えると、

「本を読まないとだめですよ」とぴしゃりと言われた。

それ以来、意識して新聞や雑誌、単行本など、活字に目を向けるようになった。

それからまもなくして、TSKの社員だった北尾修さんが庭園の撮影にきたので、お礼をかねて、あらためて二十四代にご挨拶に伺った。それ以後、幾度となくお目にかかり、多くの要人の方々をご紹介していただいた。

二十四代には当美術館の理事をお願いしていたが、一九九九年に逝去された。その後、奥様の陽子《はるこ》さんには評議員を引き受けていただいた（二〇一二年、ご子息に引き継ぐ）。ちなみに奥様は二代坂口平兵衛さんのご息女である。

二十五代田部長右衛門さん（一九七九年生）とは、かつてフジテレビジョンの社員としてニューヨークに勤務されていたおり、現地の中華料理店に案内してもらい、楽しいひとときを過ごした想い出がある。

二十五代は現在、株式会社田部をはじめとした家業を継承し、山陰中央テレビの代表取締役社長など、いくつもの要職に就かれている。先年、松江商工会議所の会頭に就任された。

高級冷凍食品のプロデュースなど、新たな市場へのチャレンジを続けるとともに、地元温泉地の活性化やたたら製鉄の復興など、地域産業の育成創出にも積極的に取り組んでいる。進取の気概を持ち、新しいものに取り組む挑戦魂は代々、田部家に受け継がれてきた血筋でもあろうか。

このうち、「たたら製鉄」は田部家がかつて操業していた産業だが、地域振興につなげるため、産学官連携で「たたらの里づくりプロジェクト推進協議会」を発足、二〇一八年、百年ぶりに復活させた。

二十五代は地元の中学生に向けて、

「私はこの地域にもう一度仕事をつくり、我々のたたらの家が、皆さんの先祖と一緒に仕事をしてきたように、また賑わいを取り戻したい。だから大人になったら、ここに戻ってきてほしい」

と訴えたという。

今後とも、国内外に誇れる産業と文化の復興に尽力していっていただきたいものである。

商都・米子の大資産家～坂口家

田部家と並んで、何かと目にかけていただいたのが、二代坂口平兵衛さん（一九〇六～一九八六）と、三代坂口平兵衛さん（一九三〇～二〇一二年）である。

坂口家は、藩政時代〝沢屋〟と称し、綿、木綿仲買業を営んでいたが、初代坂口平兵衛が『坂口財閥』と呼ばれるように家業を発展させた。

その血を受け継いだ二代平兵衛さんには、美術館の正面玄関入口の石碑「財団法人足立美術館」の文字を揮毫していただいた。

二代は庭いじりが大好きだったそうだから、祖父とはよけい話があったのかもしれない。美術館の見どころの一つになっている「生の掛軸」は、二代からヒントを得たものである。

美術館をもっとPRしなさい、と親身あふれる助言を頂戴したばかりか、庭園から建物の改築、内装に至るまで、微に入り細にわたってご指導いただいた。祖父が最も信頼を寄せ、尊敬した恩人のお一人であった。

そして三代の平兵衛さんには、私も一方ならぬお世話になった。初めてお目にかかったのは、三代が米子商工会議所会頭に就任されて間もない頃だった。

祖父の話では、三代は笑顔が少なく、少しとっつきにくいところがあるということだったが、お会いしてみると、気さくでとても感じのいい人だった。

さすが東大の法学部を卒業された知識人だけに、茶から美術まで造詣が深く、教わることが多々あった。その坂口さんに紹介されて、私は茶道（武者小路千家）をたしなむようになった。文化人としていかにあるべきか、その心得を諭していただいた恩人でもある。

武者小路千家は、千利休につながる茶の湯の家元で、表千家、裏千家とともに三千家といわれる。第十四代家元・不徹斎宗守《ふてつさいそうしゅ》の奥さまである和加子さんは、二十三代田部長右衛門さんの四女で、初釜の時に岡本喜八監督夫人のみね子さんが招待された。

岡本喜八監督と足立家は浅からぬ縁があり、こうしてみると、人のつながりというのはほんとうに不思議なものだとつくづく思う。

そこであらためて思うのが、祖父が厚誼を結んだ人脈のおかげで、足立美術館の今日があるという事実である。

岡本喜八監督との宿縁

祖父の代から私の父、私、妹、そして娘や妹の息子に至るまで、四代にわたってお世話になったのが岡本喜八家である。

岡本家とは、前世からの深い宿縁を感じることがある。

私が最近、贔屓にしている米子市内の割烹料理店が、かつて自分たちが住んでいた場所だと知り、びっくりした。それを教えてくれたのは、岡本ママだった。それを知ったとき、何か霊に導かれているような気がした。

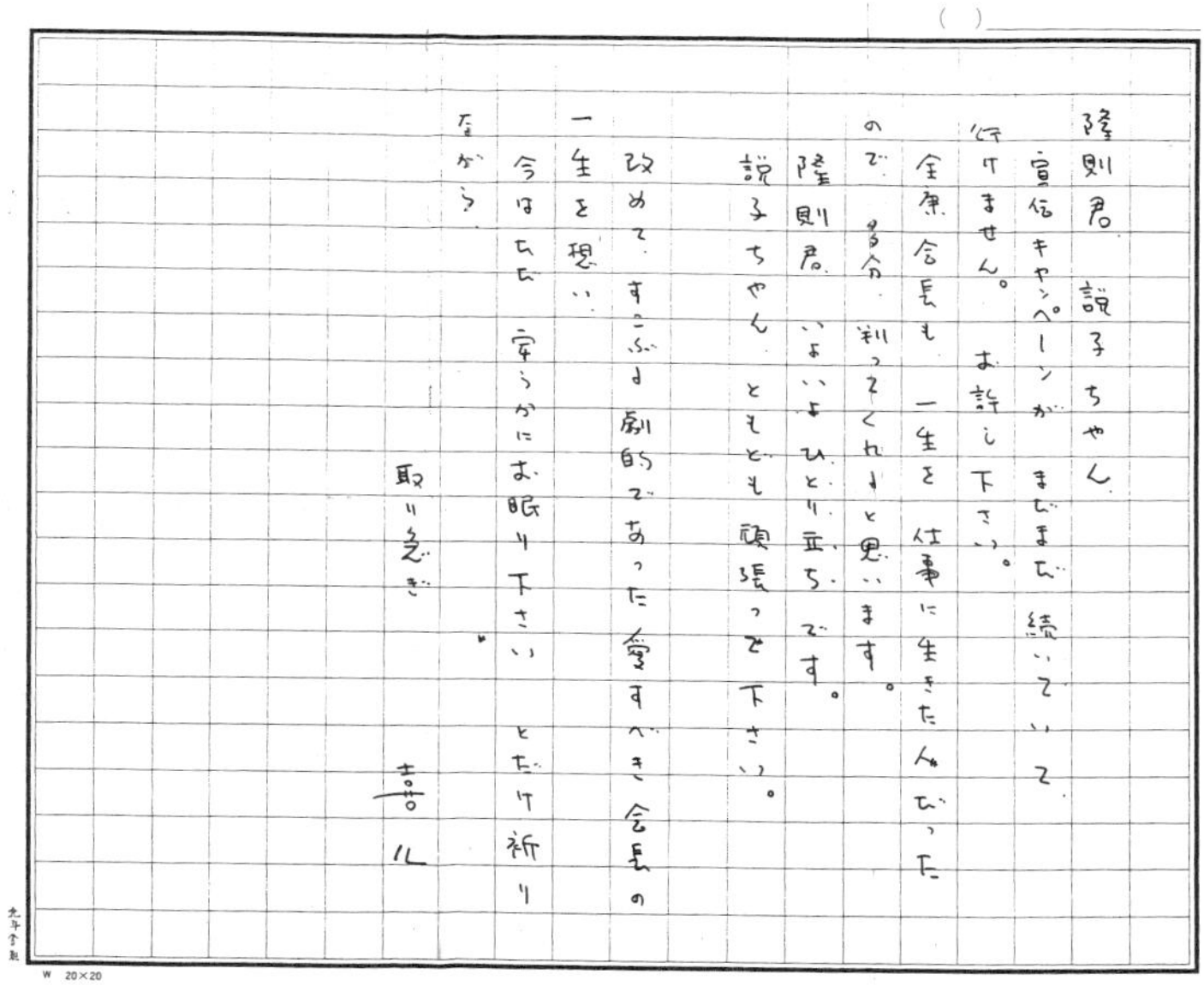
隆則君。 説子ちゃん。
宣伝キャンペーンが まだまだ続いていて。
行けません。 お許し下さい。
全康会長も 一生を仕事に生きた人だった
ので、多分 判ってくれると思います。
隆則君。 いよいよひとり立ちです。
説子ちゃん ともども頑張って下さい。

改めて すこぶる劇的であった愛すべき会長の
一生を想い…
今はただ 安らかにお眠り下さい とだけ祈り
ながら。
取り急ぎ
喜八

岡本喜八監督からの手紙

みね子夫人については、スタッフのみんなが親しみを込めて「ママ」と呼んでいたので、自分たちもそう呼ぶようになった。

大正末期、祖父は米子の四日市町の商店街で商いをするにあたり、監督の実家の軒先を借りた。それが縁で岡本家との付き合いが始まった。当時、祖父は安来、松江でよろず屋をいとなみ、オートバイで行ったり来たりしていた。

その監督と私の父が小学、中学の同級生だったというのも、不思議と言えば不思議な縁である。そんなよしみもあって、祖父は喜八監督と親交を深めるようになり、開館当初から理事になっていただいた。
父の常雄が逝去した折、喜八監督から電報が届いた。
「ツネオクン、モウイッテシマウノカ、チットバカシハヤクナイノカイ、ツネオクン、デモイマハタダ、ナガイアイダゴクロウサントイイタインダ、ホントニオツカレサン、
ツネオクン、タダタダヤスラカニオヤスミクダサイ、
ガキトモダチ、オカモトキハチ」
父と監督が幼い頃から竹馬の友だったことが、あらためて思い偲ばれる。
祖父が亡くなったときにも、監督から私と妹あてに心温まる手紙をもらった。
「隆則君　説子ちゃん
宣伝キャンペーンがまだまだ続いていて、行けません。お許しください。
全康会長も、一生を仕事に生きてきた人だったので、多分、判ってくれると思います。
隆則君、いよいよひとり立ちです。
説子ちゃんともども頑張って下さい。
改めて、すこぶる劇的であった、愛すべき会長の一生を想い、
今はただ、安らかにお眠り下さい、とだけ祈りながら。

取り急ぎ　喜八」

いま、読み返してみても、喜八監督の情味ある人間性が伝わってくる。

日本映画界の鬼才

日本映画界に不滅の足跡を遺した岡本喜八監督は、日本で最もギャラの高い監督と言われたりした。

喜八監督が生前に撮った映画は三十九作品にのぼる。『戦国野郎』『日本のいちばん長い日』『肉弾』『独立愚連隊』『江分利満氏の優雅な生活』など、後世に遺る名作を数多く生み出している。

監督は一九七四年に喜八プロダクションを設立し、プロデューサーの妻みね子さんと二人三脚で映画づくりに専心した。

戦争批判・明治維新批判をライフテーマとして掲げ続け、台詞を明快に発音できる、新劇出身の個性派俳優を多く起用した。俳優やスタッフの人望も高く、先輩や同僚からは「キハっちゃん」と呼ばれて親しまれたという。

岡本組は、三船敏郎、鶴田浩二、仲代達矢、加山雄三、小林桂樹らスター俳優に加え、中谷一郎、田中邦衛、高橋悦史、寺田農、佐藤充、本田博太郎、神山繁、岸部一徳など、強烈な個性の俳優を再三起用したので、「喜八ファミリー」と呼ばれた。まだ売れていない、男臭い俳優たちが岡本家に雑魚寝していた。

いま、彼らの多くは映画やテレビに出演し、いぶし銀のような存在感を放っている。俳優を見抜く目も、映画同様に異彩を放っている。

私が監督と初めて出会ったのは、大阪の上六に住んでいた頃だったように思う。

大学生になったとき、妹の説子と川崎市多摩区生田にある監督の家に行った。そのとき、喜八監督は黒ずくめの衣装だった。ひと目見るなり、みなぎるオーラに圧倒された。鋭い感性が火花を散らしているような、今までに出会ったことがない、別世界の人間のように感じた。

岡本ママも監督とどこか似た雰囲気があった。キリッとした顔立ちの、男装の麗人とでも形容したくなるような美人だった。しゃべり方から一挙手一投足にいたるまで、何ごとも手際良く仕切っていた。

私は緊張感もあって、何を話したか、まったく覚えていない。ただ、東京には二十四時間営業のファミレスがあるのを知り、「就職するなら、東京やなあ」と、お上りさんのようなことを思ったのを覚えている。

ママは家庭、仕事の両面において、監督を支えた。男勝り、といったら語弊があるが、肝の据わった賢夫人であったことは確かだ。

監督が「自宅の襖に写してでも撮りたい」というので、銀行から金を借りるために、自宅を抵当に入れたり、知り合いから定期預金を集めて担保にしたりして、資金集めに奔走したのは有名な話である。

喜八監督は二〇〇五年二月に八十一歳で没したが、亡くなる直前まで、最新作として山田風太郎作の『幻燈辻馬車』の映画化を構想していた。配役は仲代達矢、真田広之、緒形拳ら、そして音楽は山下洋輔と決まり、シナリオを練っていたが、残念ながら果たせなかった。

昭和43年上六にて　横山大観の絵の前で岡本喜八監督と

晩年、がんに冒された監督を、ママはつきっきりで介護にあたった。私も見舞いに行ったが、ママの献身的な介護は傍から見ていて胸苦しくなるほどだった。
ご夫婦の晩年の姿が、ＮＨＫのドキュメンタリー『神様がくれた時間～岡本喜八と妻 がん告知からの３００日』のタイトルで、二〇〇七年五月十八日に放映された。
再現ドラマでは、監督役が本田博太郎、ママ役が大谷直子と、それぞれ監督と関係の深い俳優たちによって演じられた。

監督には当館のＰＲ映画や短編ドキュメンタリーを六本、撮ってもらった。そのうちの一本『全康さんの一日』（上映時間二十四分）は、当館の宝物となっている。撮影当時、祖父は七十六歳だった。着物姿で、庭を駆けまわる在りし日の祖父の姿が、監督ならではのユーモラスなアングル、カットで撮られている。二人の付き合いの深さ、絆の強さが偲ばれる。ナレーションも喜八監督自身が担当した。

監督亡きあと、ママも七十六歳の時、旧姓の「中みね子」名義で、『ゆずり葉の頃』（二〇一五年五月に公開）で監督デビューした。主演の八千草薫さんは、企画段階から本作の制作に携わったという。

同映画は、第三十六回モスクワ国際映画祭の特別招待作品に推奨された。

喜八監督はいま、川崎市多摩区の春秋苑と、岡本家の菩提寺である米子市の西念寺で安らかに眠っている。

米子市内に出かけた折々、私はお寺に立ち寄り、墓前に手を合わせている。岡本家への感謝の念は尽きることはない。

私自身、喜八監督の作った映画をすべて見たわけではないが、私が見た作品のどれもが、数十年経った今なお、みずみずしさにあふれている。まさに鬼才と呼ぶにふさわしい映画監督だった。

第十二章 ゆかり深き人たち

「変化は進歩」の名言

私が子供のころ、日本円は一ドル三百六十円だった。

当時は、一般庶民にとって海外旅行は高嶺の花だったが、現代では誰もが気軽に海外旅行を楽しめるようになった。それどころか、民間人の宇宙旅行が始まり、月へ行くことだって夢物語ではなくなった。

想像を遙かに超える時代のスピードと変化である。アナログ人間の私は、ＩＴ化の波に翻弄されて右往左往するばかりだ。

現在では必携の携帯電話も、ガラケーからスマホに替えて久しいものの、いまだ機能の数パーセントも使いこなせていない。メールを送るのも一苦労で、打ち間違えることがしょっちゅうだ。画面の表示が小さすぎるのか、指が太いのか、不器用なのか、自分ながら情けない。

情けないと言えば、海外に出かける機会が増えたので、音声翻訳機を買ったものの、思うように機能しない。何が原因かわからず、娘の知美に使わせたらちゃんと変換できた。

何のことはない、大阪訛りと出雲訛りがごっちゃになった私の発音を、翻訳機が聞き分けないのだとわかった。嘘のようだが、本当の話である。もっとも、最新の機種ならちゃんと理解できるかもしれないが。

団塊世代の私にとってはことほどに、ＩＴ社会に順応するのは容易ではない。しかし、いくら嘆いてみたところで、時代の潮流が変わるわけではない。変わらないといけないのは、自分の方である。できる、できないではない。やるか、やらないか、それが問われている。

現在、美術館の理事になっていただいている「ホシザキ㈱」の代表取締役会長・坂本精志さんは、「現状維持は陳腐につながる」と喝破している。

坂本さんとは、一九八三年（昭和五十八年）、お父さんの薫俊《しげとし》さんと一緒に美術館に来られたのが最初の出会いだった。

当時は祖父も元気で、そのときは軽く挨拶をした程度だった。親しく言葉を交わすようになったのは、薫俊さんが亡くなられた折、名古屋にお悔やみに伺ってからではなかったかと思う。聞くところでは、創業者は豪放磊落な人柄だったらしい。朝帰りは日常茶飯事で、明日、会社がつぶれるかもしれないというのに、会社を大きくするために土地を買うという、何とも破天荒な一面を持っていたようだ。

会社をまわす資金が必要となれば、経理部長だけでなく、息子の精志さんをつれて銀行員の自宅へアポなしで出向き、話を通すこともあったという。だから銀行の人も、会えばお金を出さなければならないことになるので、会わないようにしていたというエピソードまである。

そんな無茶をしても、人を引きつけ、動かす、いわば人心掌握術に長けていたというから、よほど魅力的な人だったにちがいない。そういうところは、私の祖父とじつによく似ている。

私も一時期、担保代わりに、祖父によく銀行に連れていかれた。人質みたいなものである。

坂本会長は、ワイルドなお父さんの姿をみて、自分は保守的な性格になったと語っているが、何をどうして、自らジョギングをしたり、大型バイクに乗ってツーリングを楽しんだりと、じつにアクティブな生活を送っておられる。口ではなんだかんだと言っても、やはり血は争えない。

坂本会長は講演やセミナーで、いくつかの銘ずべき「語録」を発している。

たとえば、大きく何かを変えようとしたらスピードが大切だという。時間がたつと熱が冷めて、慎重論が増して何もできなくなってしまうからだ。「現状維持は陳腐につながる」という考えは、いかにも坂本会長らしい。「変化は進歩」だというのが、会長の信条でもある。

また、〝人生とは思い出をつくること〟ともおっしゃっている。

思い出をたくさん作った人は幸せである、という。苦しいことでも、思い出を作っていると思えばいい。頭のいい人ほど、壁にぶつかると深刻になって逃げてしまう。それを乗り越えるからこそ、それが成功体験につながる。命を取られるのでなければ、徹底的に苦しんで、何でも挑戦してみればいいというわけである。

会長は出身地である島根の雲南市のすべての中学校で講演をし、中学生に夢や希望の大切さを語っている。できそうでなかなかできないことである。

現在、『公益財団法人　ホシザキグリーン財団』の理事長として名を連ねておられるが、会長には経営哲学をはじめ、人生観や処世訓について教わることが多々ある。

毎年、理事会でお会いするのを楽しみにしている。

出雲大社と足立美術館

出雲大社宮司の千家尊祐《せんげたかまさ》さんには、二〇一三年（平成二十五年）、美術館が公益財団法人に移行後、当館の理事への就任をお願いに上がった。千家さんは現在、ホシザキグリーン財団の理事に名前を連ねられている。

私の勝手な申し入れに対して、千家宮司は、

「美術館と出雲大社とは、切っても切り離せない仲だからね」とご快諾いただいた。

山陰をめぐる国内観光ツアーで、出雲大社と足立美術館は、抱き合わせで企画されることが多く、人気も高い。宮司はそのことをよく知っておられ、お引き受けくださったのだった。

出雲大社は大国主大神をまつる神社だが、日本国民の間では「縁結びの神様」として広く知られている。お社《やしろ》へ続く参道は、樹齢四〇〇年を越える松並木で、その参道の先の鳥居をくぐると、

正面に本殿がある。

国宝でもある現在の本殿は、一七四四年（延享元年）に造営され、以来、一八〇九年（文化六年）、一八八一年（明治十四年）、一九五三年（昭和二十八年）、そして二〇一三年（平成二十五年）と四度の御修造を経て、今日に受け継がれている。現在も、皇室の関係者であっても本殿内までは入れないしきたりを守り続けている。

修復にあたっては、東日本大震災で被害に遭った東北地方の木材も使用された。遷宮はよみがえりの思想、文化であり、千家宮司は東北の震災からのよみがえりを強く祈念されたという。

この年はイベントのおかげもあって、美術館の年間入館数が六十九万九百六十九人を記録した。特に遷宮が行われた十一月ひと月の入場者数は十一万人を超えた。この記録はいまだに破られていない。

二〇一四年十月五日、高円宮家の二女、典子女王と、宮司のご長男である千家国麿さんが出雲大社で挙式された折、披露宴にお招きいただいたのも、忘れられない思い出である。

次回の遷宮は、六十年後の二〇七三年だろうから、私はこの世にいるはずもないが、そのとき足立美術館はどうなっているか、すべては次代を担う娘たち夫婦や孫、スタッフたちの双肩にかかっている。

出雲大社さんとのご縁を、末永く大切に守ってほしいものである。

忘れ得ぬ人

年中無休の当館にはいろんな方が来られる。

一般のお客様に交じって、有名人、著名人と言われる方も結構、お見えになられている。多くは名乗ることなく、お帰りになられるので、あとになって来館を知ることが少なくない。

そうした中にあって、帰りぎわに一度ならず、二度三度とお声がけいただいたのが植木等さんである。昭和三十年代、歌手、俳優、コメディアンとして活躍、日本一の無責任男として一世を風靡した。私のような世代の人間にとっては、知らない人はいない国民的スターだった。

映画やテレビで演じる破天荒なキャラクターとはまったくちがい、素顔の植木さんは物静かで礼節正しい方だった。お父さんは僧侶だったそうだから、小さい頃から仏門の教えを体得されていたのだろう。

植木さんが初めて美術館に来られたのは、たしか一九九〇年代の後半ではなかっただろうか。ある日、受付から「お客様がお見えです」と連絡があり、玄関に行ってみると、白いマスク姿の小柄な男性が、お供らしい人と立っていた。白っぽいダスターコートを着ていて、マスクの上の太い眉毛が印象的だった。

最初、誰かわからなかったが、「植木等です」とご自分で名乗られた。聞いてみると、鳥取県倉吉市にある、ゆかりのお寺に行った帰り、美術館に立ち寄られたとのことだった。

美術館には前々から来たいと思っていたそうで、

「絵も庭も素晴らしくて感動しました。これだけの施設を運営維持するのは大変でしょうが、後々まで残さなくてはいけません。しっかりと守っていってください」とおっしゃった。

思いもよらないお言葉に、私は感動した。

植木さんはその後、三回にわたって来館され、そのつど心温まる励ましの言葉をかけていただいた。言葉一つひとつに含蓄があり、誠実なお人柄がにじみ出ていた。私には忘れられないお一人である。

そしてもう一人、不思議なご縁を感じたのが、テレビやラジオなどで活躍された評論家の竹村健一さん。「だいたいやね」で始まる大阪弁の辛口コメントは、討論番組『世相を斬る』で遺憾なく発揮され、私には今なお記憶に新しいものがある。

その竹村さんは祖父と親交があり、美術館にも何度か来られた。私もお目にかかり、いろいろとお話しさせていただいたが、祖父が亡くなってからも、ふらっと美術館にやって来られ、

「元気してる？　おじいさんに負けんよう気張らんと」

と励ましの言葉を頂戴した。

二〇一〇年頃だったと思うが、奈良の吉野桜を観に行ったとき、宿泊したホテルで、竹村さんとばったり出くわした。竹村さんも同じホテルに泊まっていたのだった。

予期せぬ偶然に二人してびっくりしたが、縁ある人とは、時としてこういう出会いがついてまわるようだ。

そのときの奈良行は、当館の評議員になっていただいている岡橋清元《きよちか》さん（清光林業㈱取締役会長）のお誘いによるものだった。岡橋家は江戸時代の中頃から、山主として吉野の林業地を経営管理、約一九〇〇ヘクタールの山林を所有している。清元さんはその十七代目当主にあたる。私のゴルフ仲間でもある。

岡橋家とは、祖父の代からの付き合いである。

一九五三年（昭和二十八年）、祖父は大同生命保険相互会社と共同出資で、『新大阪土地㈱』を設立したが、岡橋家はそのときの創立メンバーの一人でもあった。

大同生命の創業家である加島屋広岡家は、大正・昭和期の実業家で、大坂の豪商として名高いが、大同生命の初代社長・広岡久右衛門正直の四女、瑠璃子と初代・岡橋清左衛門が結婚し、両家は縁戚関係にあった。

ＮＨＫの朝ドラ『あさが来た』のヒロインのモデルとなった広岡浅子は、近代日本における女性実業家のさきがけとなった。三井家に生まれ、加島屋に嫁ぐと、経営に積極的に参画し、家勢の立て直しに尽力、大同生命創業者の一人として名前を連ねている。

祖父は常々、自分よりも目上の人や社会的に信用のある方との付き合いを大事にしてきた。それが祖父流の処世術でもあったが、広岡家、岡橋家をはじめ、関西の幾人もの名士、資産家と昵懇になり、事業展開ができたのは、人を引き寄せる魅力、才能が祖父にはあったということだろう。

岡橋清元さんが家業を引き継いだ七七年当時は、切り出した木材はヘリコプターで搬出するのが一般的だったという。吉野の山は急峻で、無理に道を造ろうとすると、山が崩れてしまう恐れがあったからだ。しかし、木材の需要が落ち込んだり、外国から安い木材が入ってきたりして、集材・搬出費のコスト高が大きな問題になっていた。

そんな折、大阪府の専業林家で路網づくりを実践していた大橋慶三郎氏を知り、「これこそ吉野に最もふさわしい作業道だ」と実感、すぐに弟子入りし、自ら現場の先頭に立ち、三十数年にわたって七万八千メートルに及ぶ高密度の路網を整備してきた。

そうした「壊れない道づくり」に、長年にわたって取り組んできた功績が評価され、平成二十四年度の農林水産祭林産部門で天皇杯を受賞された。まさに、千里の道も一歩からである。自身の体験を通して、『現場図解　道づくりの施工技術』（全国林業改良普及協会）という本も出されている。

清元さんはいま、弟の清隆（清光林業㈱取締役副会長）さんとともども、豊かな森林資源を持ち、美しい景観と生物の多様性を持つわが国の、林業と山林の未来を見据え、道づくりや講演活動などで全国各地を飛び回っている。

岡橋家は現在、清元さんの長男・克純さんが十八代目当主になっている。

交流の輪

郷里の縁つながりで言えば、『㈱海産物のきむらや』会長の木村隆之さんがいる。私のゴルフ仲間でもある。きむらやは、沖縄県産のもずくや境港産の魚を原料に、食料品の製造販売を行っている会社だ。

二〇二二年十月、創業五十年の節目を迎えたのを機に、ご子息に代表取締役社長の座を譲られた。人と付き合うのが大好きな人で、大山の別荘にいろんな職種の人を招待し、交流の輪を広げている。まわりには中小企業のオーナーがたくさんいる。

木村会長は昔、松江市に本社があった佐藤造機（現・三菱マヒンドラ農機）で営業をやっていたが、そこがつぶれたとき、母親がリヤカーで魚の行商をやっていたのを引き継ぎ、自ら売って歩くようになった。

十三年間、行商を続ける中で、海藻の「もずく」に着目し、産地を訪ね歩くうちに、沖縄県伊《い》平屋村《へやそん》産の「もずく」にたどり着いたという。

もずくには、ミネラルやフコイダン、ビタミンなどの栄養成分が含まれ、生活習慣病の予防に役立つとされる。美肌効果、二日酔いの予防効果が期待できるとあっては、老いも若きも食する人が増えておかしくない。

コロナ禍でいちだんと健康志向が高まり、宅配需要増の追い風を受けて、業績も順調に伸びているという。一代で今日のような企業を築き上げたのだから、先見性だけでなく、経営手腕があったということだろう。

知り合った当初はなんとなく相性が悪いような気がしたが、何かの折に意気投合した。大言壮語風なところがなくもないが、言ったことはきちんと実践する。

その木村会長に紹介してもらったのが、学習院大学経済学部経営学科の上田隆穂教授である。経営学者である先生の研究分野はマーケティング。

上田先生との出会いがきっかけで、皇太子殿下（現天皇陛下）にお目にかかることができたのだから、人の縁というのは不思議なものである。

上田先生と殿下の出会いは、皇太子さまがパソコンを習うため、当時助教授だった上田先生の研究室に通い始めたのがきっかけという。

二〇一九年六月十四日に放送された、NHKの人気番組『チコちゃんに叱られる！』で「なぜプリンは三個で売っている？」という質問に、商品の価格や消費者心理に詳しい上田先生が登場し、

「お父さんが食べないから」と回答された。

一九七〇年代、日本はまさに高度経済成長期で、会社員たちは朝から晩まで猛烈に働く、いわゆるモーレツ社員が多くいた。

当時の家族構成は夫婦に子供二人の四人家族というのが一般的だった。

そんな中、どうして三個パックになったかといえば、昼間はお父さんは仕事で家にいないので、おやつの時間には母と子供二人、つまり三人分で三個パックになったとか。

さらに、当時プリンは子供のおやつであり、大人の男性が食べるイメージがなかったようで、時代が変わった今も三個売りが続いているのだとか。

上田先生の説明を聞いて、なるほどマーケティングというのは、こういうことも調べているのだと納得した。

私には娘が二人いるが、私抜きに家族はプリンを食べていたのだろうか。何かの折、聞いてみたいと思う。

人生の恩人

人生の恩人という意味では、『㈱ワールド』の常務取締役だった西岡決隆さん。私の人生の節目ごとにあらわれ、深い縁を感じないわけにはいかない。それもたいてい、私が岐路に立たされたり、思い悩んだりしているとき、救世主のようにあらわれた。

西岡さんは十八歳の時、祖父の会社『丸全繊維㈱』に、新聞広告を見て応募したという。

面接の時、西岡さんは背筋を伸ばし、

「商売人になりたくて船場にやってきました」と祖父に力強く言ったらしい。

祖父は西岡さんの印象について、

「商売のことについては、右も左も分からぬ若者だったが、度胸が据わっている上に機転がきき、何よりも仕事に取り組む姿勢が熱心だった」とベタ褒めしている。

入社当時の『丸全繊維』は、信用していた社員の背信、裏切りに遭い、台所は火の車だったが、西岡さんは愚痴一つこぼさず、得意先を精力的に動きまわった。生地を売るだけでなく、縫製メーカーと渡りを付け、洋服にして問屋に納めるという、アパレルメーカーの走りとも言える事業を手がけた。

日頃から、目にかけていた祖父は、西岡さんを営業部長に昇格させ、続けて役員に抜擢したのも、才能とやる気を見越してのことだった。

西岡さんは若い頃は野球が好きで、ピッチャーをやっていたというから、体育会系の行動的な性格だった。私が中学生のとき、西岡さんのデートに引っ張り出されたことがある。年長の人にこんなことを申し上げては失礼にあたりそうだが、どこかシャイなところがあった。

西岡さんは、テキスタイルの商売を拡大したいということで独立し、その後、ワールドの畑崎廣敏さんと親交を結び、常務取締役に就いた。それが縁で、畑崎さんのあとを継いで、当美術館の四代目理事長になっていただいた。

私が美術館に呼び戻され、営業活動で悪戦苦闘しているとき、優しく手を差し伸べてくれたのが、西岡さんだった。

西岡さんは二〇〇三年十二月に他界されたが、亡くなられる二、三カ月前、「頼みごとがある」というので、妹と二人、『船場吉兆』に昼食に呼ばれた。頼みというのは、自身の葬式についてだった。家族はきっと大々的にやろうとするから、質素な葬式にするよう伝えてほしい、ということだった。西岡さんはすでに死が近いことを悟っていた。料理にほとんど箸を付けなかった。私たちも食事が喉を通らなかった。

私たちは言われたとおり、家族の方にお伝えしたが、人様の家のことに口出ししないでほしいと断られた。結局、西岡さんの遺言は聞き入れられず、西岡家とも、それ以来、疎遠になってしまった。
しかし、私は西岡さんから受けた数々のご恩を一生忘れることはない。

第十三章

美術館はサービス産業

おもてなしの精神

足立美術館は開館以来、他館との差別化をはかるため、さまざまな取り組みをおこなってきた。そのコンセプトに据えたのが、美術館は「サービス産業」だということだ。「見せる」のではなく、「見ていただく」という姿勢を、経営の基盤に据えたのである。

福祉の基本理念は、幸福を共有しようという考え方にあるが、美術館もまた「文化の福祉事業」と言って良いと思う。これは祖父がかつて、「入場料はお布施と一緒だ」と言ったことにもつながっている。

優れた美術品の購入はもとより、建物や庭園などの施設の整備、メンテナンス、メディア対策、営業展開、社員教育など、ソフトからハードに到るまで、あらゆる面にそうした考えが行きわたっている。

当館は若い女性の職員が多いので、身だしなみや礼儀作法をきちんと教えている。受付やミュージアムショップ、喫茶室などでの振る舞いは、美術館の印象、評価に直結する。懇切丁寧な応対、事細かな気配り、言葉づかいなど、人間としての素養を磨くことは大切なことだ。

その基本的な心構えになっているのが、「おもてなしの精神」、つまり「心のこもったサービス精神」である。そしてそれには「笑顔」を忘れないことだ、と祖父は言い添えた。笑顔は、祖父の専売特許でもあった。

祖父は長く、大阪でいろんな仕事を手がけてきたこともあって、商人精神の一つである「笑顔」の大切さをよく知っていた。

客を喜ばせ、にっこりさせれば、店の売り上げがのびて、こちらもにっこりする。笑顔には金はかからないのだから、それを有効活用しない手はない、というわけである。祖父はサービス精神が旺盛だった。

確かに職場に笑顔があふれていれば、まわりの人たちの気持ちも自然となごやかになる。当館に来られた多くの方が異口同音に、「落ち着いた雰囲気の上に、清潔感があって心が安らぎます」と褒めてくださるのは、そうした精神が脈打っているからかもしれない。

開館以来、足立美術館は一日も休まず、「年中無休」を通している。それも祖父の発案である、いつ、どなたがお越しいただいてもいいように、というサービス精神のあらわれでもある。庭の手入れもまた、おもてなしの精神に通じている。

そこで思い出すのは、「経営の神様」と言われた松下幸之助さんの言葉である。松下さんは祖父より五歳年長だが、亡くなったのは一年違いで、祖父とほぼ同年代を生きてきた。

祖父は松下さんとは面識がなかったが、松下さんと同じように丁稚奉公を体験している。共鳴共感するところがあったかもしれない。実際、松下さんが遺された言葉のいくつかは、祖父の考え、思いと重なっている。

松下さんは、商売の極意について、

「無理に売るな。客の好むものも売るな。客のためになるものを売れ」と語っている。つまり、商売人は常に、「お蔭様で」という感謝の気持ちを忘れず、誠実かつ謙虚に励むことが大切だというわけである。

また、人としての心構えについてこう言っている。

「社会人になってお金が一番大事だと思ったらあかん。もちろん、お金も大事やけど、お金はなくしても取り戻せる。しかし、人生にはこれを失うと取り戻すのに大変苦労するものがある。それは信用や。信用を大事にせなあかん」

数多くの事業を手がけ、酸いも甘いもかみしめてきた祖父も折りあるごとに、人との出会いを大切にしてきた。

自らの体験を綴った自伝の最後に、祖父はこう書き記している。

「苦境に陥ったとき、手を差しのべてくださった方々、今日まで私についてきてくれた人たち、多くの良き出会いがあったればこそ今日の私があり、足立美術館があるとしみじみ思うのである。まさに『資産は人なり』である」

これなど、松下さんのものの見方、考え方とまったく一緒である。

お客様が喜び、役に立つことを、自分の使命、生きがいとし、創意工夫を重ねながら、効率的に進め、きちんと収支がとれている。それが商売の極意というものではないだろうか。

美術館の運営もまた然りだと、私は思っている。

黒字化に腐心

美術館は時に、「金食い虫」といわれる。

今日、国公立をはじめ、多くの美術館が入館者数の減少に苦しんでいる。建物を維持管理するのが大変な上に、作品の購入費が抑えられ、魅力ある作品が買えず、規模の縮小がはかられ、大型の企画展が開けない。そのため、ますます客足が遠のくという、いわゆる負のスパイラルに陥っているらしい。

元を正せば、箱モノの発想で美術館をつくった、その付けが回ってきたに過ぎないが、痛みを伴わない税金によって運営されている限り、それを克服すべき解決法を見つけるのは容易ではない。

国公立の美術館の予算は、収入と支出が差し引きゼロになるのを理想とする、不文律の決まりがある。公益法人である財団美術館もこれに倣う必要があるとされ、黒字が過ぎると収益事業として課税される場合がある。そのため運営にはおのずと制約が課せられている。

美術評論家の井出洋一郎氏はこのことに疑問を抱き、「ここに日本の美術館の疲弊の一つが宿っている気がしてならない」(『美術館学入門』)と指摘している。

私もまったく同感である。

赤字や黒字になるのはいいが、儲けすぎてはいけないという発想は、前時代的であり、現実をまったく直視していない。利潤を上げずして、いったい美術館をどう運営しろというのだろうか。

赤字が出れば税金で補填してもらえる、どこかの美術館とはちがう。美術館の運営には膨大な経費がかかる。経営感覚がないと生きていけないのが現実である。

観光客のニーズが多様化する中で、いかに魅力ある空間、時間、サービスを提供できるか、各美術館はたゆまぬ努力と知恵が求められている。

当館は開館当初から、黒字経営をめざして取り組んできた。

資金不足だったため、関連会社に美術品や土地を購入してもらい、リース料を払うなどして、赤字経営にならないよう努めてきた。

私自身も美術館の負担を少しでも軽くしたいと思い、関連会社の役員に名前を連ねてきた。いわば関連会社が一体となって、美術館を支えてきたのである。

それはすべて「健全経営」を美術館の社是とすればこそであった。

商売の鉄則

財団法人は「基本財産」「運用財産」「寄付」の三つによって運営される。預金や不動産といった「基本財産」は、よほどの資力がなければ、それだけでの運用はむずかしい。そのため、「運用財産」をいかに活用するか、美術館の営業努力が問われている。入館料収入にくわえて、喫茶や茶室、ミュージアムショップなどの売り上げ向上を図ってきたのも、旅行代理店とタイアップしてきたのも、すべて美術館を健全に運営するためにほかならない。

美術館における「利潤」とは、私腹を肥やすためのものでもなければ、企業における営利優先の賜物でもない。公益に資するための預かり金、というのが当館の認識である。

アメリカの美術館などでは、企業助成を積極的につのる「資金調達部」が常識となっている。企業や個人からの寄付などを募り運営する、つまり民間が文化を支えるような構造になっている。

その点、日本は大きく立ち後れている。健全な事業展開をはかるには、そうした部門の充実をはかる必要がある。そのためには、行政面からの金融支援があってしかるべきだと思う。当館が、美術館では珍しく開館当初から営業部を置き、マーケティングを重視してきたのもそうした考えからである。

美術館といえども、営業努力なくして生き延びることはできない。手をこまねいているだけでは、客は来てくれない。

黒字化に向けた当館の取り組みは、二〇〇四年十二月号の別冊付録『日経トレンディ』の「ヒット商品の設計図」として、十六の商品の一つに選ばれた。

『日経トレンディ』は、日本経済新聞社系列の日経BPが発刊する月刊誌で、「個人生活を刺激する流行情報誌」をキャッチフレーズにしている。

毎年十二月号で、その年にトレンドになったものを「ヒット商品ベスト30」として掲載。この年はトヨタのクラウンマジェスタのデザイン戦略や、KDDI、FM局、レコード会社が連携した「FMケータイ」のビジネスモデルなどが紹介された。

それらと共に、「投資の〝時〟を知る」として当館が取り上げられ、「低迷の時期にこそ大胆な戦略　農村地帯の美術館に営業部隊を投入」と、国内外に向けて積極的に誘致策を展開する営業戦略が高く評価された。

現在の足立美術館があるのは、そうした営業努力があってのことである。

実業家であり、商売人でもあった祖父は、いかにしたら美術館に足を運んでもらえるか、来館者に満足してもらえるか、そのことにいつも心をくだいてきた。そして良かれと思ったら、すぐに行動に移した。

職員が手分けして、県の観光振興課や旅行代理店、全国各地の自治体、ＪＡなどを、精力的にまわったのは、商人の発想であり、商売の鉄則でもあった。

人気投票を実施

一九九六年（平成八年）十月、ミュージアムショップを玄関受付横に移転、従来の二倍の広さにした。

それはもちろん、売り上げ増を見込んでのことだが、ミュージアムショップは単なる売店ではない。美術館で過ごした思い出を、お土産という形として提供する場所である。オリジナルにこだわるのは、他の美術館との差別化をはかる意味合いもある。

ショップでは、図録、名画色紙、複製画、ポストカードなど、近代日本画や庭園を中心としたオリジナルグッズを販売している。いちばんよく売れるのは名画の色紙である。色紙は日本人好みのところがあるのかもしれない。

童画のグッズもコンスタントに売れている。

童画コーナーでは、武井武雄、川上四郎、林義雄、鈴木寿雄、黒崎義介、井口文秀の童画家の作品を展示している。お年寄りがお孫さんへのお土産として買うケースが多いようだが、ご本人たちにとっても昔懐かしい、郷愁のようなものを覚えるのかもしれない。中でも林義雄の作品はとりわけ人気が高い。

二〇〇七年、夏季特別展として「あなたが選ぶこの一点」という人気投票を行ったことがある。お気に入りの一点を選んで投票すれば、抽選でミュージアムグッズがプレゼントされるという企画だ。

そのとき第一位に選ばれたのは、横山大観の『雨霽る』で、二位は横山大観『冬之夕』、三位は上村松園『娘深雪』だった。

二〇〇九年の春、「あなたが選ぶこの一点・PART2」では、顔ぶれがガラッと変わった。一位は大橋翠石の『虎』、二位は奥田元宋『日照雨』、三位は横山大観『龍躍る』という順だった。このときは、阪神方面からの来館者が多かったので、阪神タイガースにちなんで売れたのかもしれない。ただ、動物画の名手である竹内栖鳳のライオンはあまり人気がなかった。榊原紫峰の鳥も人気があったが、大観は下の方だった。大観を好きな人は色紙よりも、図録を買っていく人が多い。全体的に見ると、華やかな絵が人気があった。

この人気投票は結構、反響があったので、二〇一六年八月三十一日から十一月三十日、秋季特別展「あなたが選ぶ〝この一点〟頂上決戦」を開催した。

最終ランキングは、一位が大橋翠石『虎』、二位は横山大観『紅葉』、三位は川端龍子『愛染』、四位は榊原紫峰『梅花群雀』、五位は山元春挙『瑞祥』の順だった。応募総数は七万二千五百九十三票だった。

思いがけない結果に、人の好みはさまざまだとあらためて思った。名前や経歴ではない。自分の感性に合った作品を見つける、美術館を訪れる楽しみの一つはそこにあろう。

いま、当館では蒔絵の収集をおこなっている。

蒔絵は、日本独自に発達した漆芸の代表的な技法で、海外では「MAKI－E」と呼ばれている。主な技法として「研出蒔絵《とぎだし》」「平蒔絵」「高蒔絵」「肉合研出蒔絵《ししあいとぎだし》」の四種があるが、茶道具や書画骨董に比べて、蒔絵はわりと値段が安い。

金蒔絵は見た目に美しく、わかりやすいところから、成金趣味と揶揄《やゆ》された時期もあった。しかし、漆で描いた文様の上に、金粉や銀粉などの金属粉を蒔きつけて、光り輝く文様を描き表した蒔絵は、漆工芸の最高傑作の一つだと私は見ている。

明治、大正、昭和の初めにかけて、皇族や公爵、子爵、男爵などが所有していたものが、いま、オークションなどを通じて市場に出ている。まわりの関心が高くならないうちに集めていくつもりだ。

チャレンジ精神

何か新しいことを始め、それを成功させようと思ったら、入念な分析と揺るぎない信念が大切だ。そしてやると決めたら、即行動に移す。それが鉄則だ。

「即断即決、即行動」は、祖父のモットーでもあった。

ただ、祖父の場合は、後先考えず、思い立ったが吉日とばかりに、猪突猛進するところがあった。そのため、あとでほぞをかむことが少なくなかった。

その点、私は損をすることが嫌いなたちなので、慎重居士のところがある。しかし、一度決めたら、ぶれることはない。

祖父亡きあと、これはと思ういくつかのアイデアを具体化した。

やってよかった事業の一つに、無料シャトルバスの運行がある。美術館に来るには、タクシーや車が欠かせないが、米子空港や出雲空港、またJRの米子駅や松江駅から来るとなると、タクシー代が結構かかる。

そこでお客様の足の一助になればと思い、二〇〇二年四月一日から、JR安来駅と美術館を結ぶ無料シャトルバスの運行を開始した。

そのヒントとなったのは、千葉県佐倉市にある『DIC川村記念美術館』を訪れたときのことだ。同館は、川村インキ製造所の創業者・川村喜十郎をはじめとする川村家三代の収集品を公開しているが、縁あって、当館にあった横山大観の屛風が川村記念美術館に入ることになり、館長さんが挨拶がてら当館に来られた。

その折、千葉にも一度来てほしいと言われたので、お邪魔させてもらった。

駅に降り立つと、JR佐倉駅、京成佐倉駅と川村記念美術館を結ぶ、無料送迎バスが出ていた。昔は、駅から会社まで、従業員を送迎するだけだったが、一九九〇年に美術館を開館した折、日中、空いている車をお客さんに使ってもらおうということで運行を始めたという。

その話を聞き、当館でもシャトルバスの運行ができないか、検討することにした。

最初、地元のタクシー会社に見積もりを出してもらったら、めちゃくちゃ高かったので、「なら、うちでやろう」と試算した。バスのリース代やガソリン代、人件費、それに税金等、細かく計算したら、一便に八人の利用客がいれば、だいたいペイできることがわかった。

これならいけそうだ、ということで、安来駅と美術館の間を走らせることにした。もし、利用者が少ないようだったら止めるつもりだった。

幸い、評判は上々だった。それならと米子空港まで足を伸ばしたが、そちらの方は反応が今一つだった。そこで皆生温泉、玉造温泉、米子駅を発着する便をつくったが、こちらも見込んだほどの成果は得られなかった。それで二〇一六年十一月から安来駅一本に絞った。

ただ、その際、地元のタクシー会社との兼ね合いがあるので、事前に無料運行バスを始める旨話すと、「どうぞ」と気持ちよく応じてくれた。タクシーだと安来駅から片道二千五百円、往復だと五千円かかる。

そのとき、米子駅から、当駅を使えないかと持ちかけられたが、駅前の土地がJRのものではなく、端のほうに乗り場があって、いかにも使い勝手が悪かった。

無料シャトルバス

その点、安来駅前は市の土地なので、駅のすぐ前に停留所をつくってくれた。それればかりか、JRの車内放送で、安来駅が近づくと、「安来駅から足立美術館への無料シャトルバスが出ています」と宣伝までしてくれた。

シャトルバスの運行は大正解だった。運行を開始したその年の十月二十四日、シャトルバスの利用者が一万人を突破した。

バスの定員は二十八名。三台のバスがほぼ三十分間隔で、一日十七往復、毎日運行している。駅から美術館までの所要時間はおよそ二十分である。

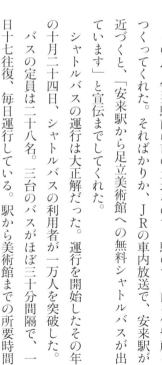

道路事情や天候次第で、運行スケジュールが変更になることがあるが、美術館に来られる折の便利なツールとして、ご利用いただければと思っている。

第十四章
天の恵み

メディアで紹介

アメリカの日本庭園専門誌『ジャーナル・オブ・ジャパニーズ・ガーデニング』で、日本庭園ランキング一位に選ばれたとき、テレビや新聞雑誌など、メディアからの取材が相次いだ。それをきっかけに美術館の知名度も飛躍的に上がっていった。そのとき、メディアが持つ発信力の強さを再認識した。

美術館がメディアに登場したのは、オッペン化粧品のテレビCMが最初だった。一九七七年（昭和五十二年）、オッペン化粧品の創業者・山下一明さんが社員とともに当館に来られたおり、祖父と意気投合して実現した。

山下さんは「化粧品は女性を美しくし、女性の心を豊かにする」という信念のもと、一九五三年に起業、「女性の美は、外観と内面の調和の美である」という名言を残されている。CMは一年半にわたって放映されたが、当館だけでなく、同社のイメージもそれによって上がったらしい。いわゆるウィンウィンの関係だった。放映された時間帯もよかった。

二〇一一年（平成二十三年）の二月四日から全国放映された、「キリン一番搾り」も評判がよかった。「生の額絵」の前に、元メジャーリーガーのイチローさんがビール瓶とグラスを両手に持ち、笑顔で立っている。コンセプトは「世界が認めた技」。庭園美を創出する当館の高度な技が評価されてのものだった。絵画のような庭園だ、と話題になった。

二〇一六年の『三菱電機ビルテクノサービス株式会社』のＣＭも大きな反響を呼んだ。当館の日本庭園や横山大観の作品を撮った「足立美術館」篇として放映された。イントロで、庭園の様子がドローンによって撮影され、鳥の目で見たらこんな風に見えるのかと感動した。横山大観の作品と庭園の美しさがオーバーラップして、何のＣＭだろうと視聴者の興味を引いた。

ＣＭは、会社の業績向上とイメージアップをはかろうとするものだけに、大企業であればあるほど、お金も時間もかけて制作する。そういう意味では、イメージ戦略の媒体として取り上げられたこと自体、当館の庭園が超一流とのお墨付きをもらったと言ってもいいだろう。実際、それが視聴者の信認を得るきっかけになり、動員促進の追い風になったことは確かだ。

テレビ番組では、一九七九年、ＮＨＫの全国ニュース『スタジオ１０２』で、横山大観の『紅葉』をはじめ、大観作品を一括購入したことが大きく報じられた。足立美術館の名前が全国に知られるきっかけともなった。

二〇一四年九月、テレビ東京系列の番組『美の巨人たち』では、「今日の一枚、横山大観『紅葉』の秘密に迫る」が放映され、ＢＳジャパンでも再放送された。

この月、中国五県で放送されるTSSテレビ新広島『そ～だったのカンパニー』（司会・八嶋智人）で、当館の取り組みが紹介された。同番組は、中国エリアで頑張っている企業のしくみ作りや、苦労について掘り下げる経済情報番組である。

そのときのタイトルは、「儲けなければ何も始まらない！」だった。「美術館の概念を覆す積極的なビジネス展開を行う山間の美術館カンパニーの秘密に迫ります！」という副題が付けられ、私が出演した。そのとき、日頃思っていることをしゃべらせてもらったが、ビジネスモデルの一つとして取り上げてもらい、溜飲を下げた思いだった。

アクセスが殺到

テレビ放送で反響が大きかったのは、二〇一六年二月九日、TBS放送の『所さんのニッポンの出番』。日本が大好きな外国人が伝授する、日本のすごいところを再発見するバラエティー番組で、〝いま世界が喰いつく！ニッポンの美術館ツアー〟として、当館創設者の半生とともに「とてつもないこだわり」が紹介された。

番組終了後、当館ウェブサイトへのアクセスが急増し、一時、つながらなくなった。

さらに、一九年六月三十日に放映された『所さんの目がテン！』（日本テレビ系列）も話題になった。

当館の庭の魅力について、「科学的仕掛け」と題してその秘密が解き明かされている。主観や個人的な感想ではなく、専門家による客観的な分析によって、日本庭園の素晴らしさを紹介した点が、視聴者にはわかりやすく伝わったようだ。

手前を低くし、奥にいくにつれて地面を小高くし、空間に広がりを持たせる、いわゆる日本画の遠近法を取り入れていることや、自然の山と日本庭園を一体化させた借景の美、さらに滝から流れ落ちる水が、山を経て川へと流れ、白砂で表現した海へと注ぐ枯山水の手法、幹と幹が重ならないよう設計された植栽など、自然の摂理を感じさせる庭の構成が細やかに紹介されたのだった。

この放映の後、当館ウェブサイトへのアクセスが殺到した。テレビの効果というのはすごいものがあると、そのときあらためて思った。

二つの番組は、ともに所ジョージさんの冠番組だが、所さんは植木等さんの大ファンだった。TBSドラマ『オヨビでない奴！』では親子役で共演し、「お父さん」と呼ぶほど慕っていたとか。植木さんといえば、当館に何度も来ていただき、お褒めと励ましの言葉を頂戴している。それだけに、植木さんの熱意が所さんに通じたのだろうかと思ったりした。もしかしたら、植木さんから当館のことを聞いたか、あるいは人づてにでも聞いたことがあったかもしれない。

所さんにもぜひ、美術館にお越しいただけたらと思う。

ドキュメンタリーでは、二〇一九年、フランス人の美術史家ソフィー・リチャードさんが著わした『フランス人がときめいた日本の美術館』の一つとして、「日本美　もっと深く『足立美術館』」と題して、BS11とTOKYO MXで放映された。

ソフィーさんは、全国各地の美術館を訪ね、取材を重ねてきた体験を踏まえて、日本の美術館は、この国の文化を知る上で、「最高の場所」と語っている。

そのほか、一七年にはNHKが『庭は一幅の絵画である　足立美術館　世界一の庭の四季』という番組を制作し、総合テレビやBS4K、BS8Kなどで繰り返し放映された。スーパーハイビジョンの最新技術を駆使した映像は、石澤典夫アナウンサーの語りとあいまって、まさに一幅の名画を思わせた。

世界のお墨付き

宣伝効果という意味で、最もインパクトが大きかったのは、フランスの旅行ガイド『ミシュラン・グリーンガイド・ジャポン』で三つ星として掲載されたことだろう。

『ミシュラン・グリーンガイド・ジャポン』のフランス語版は、二〇〇九年三月、日本政府観光局（JNTO）の協力を得て発行された。

ミシュラン・グリーンガイドは、九つの評価基準がある。

一、旅行者がその観光地を訪れた時に受ける第一印象
一、その場所の知名度
一、文化財の豊かさ、レジャーの充実ぶり
一、ユネスコの世界遺産などの公的評価
一、芸術品や史跡の固有の美術的価値
一、美観
一、作り物ではない本物としての魅力と調和
一、旅行のしやすさと利便性（施設整備、アクセス、維持管理など）
一、旅行者の受け入れの質

これらを念頭に、日本をよく知る、旅好きなフランス人と日本人ライター十二人が数カ月をかけて、日本の観光地を訪れ、掲載地を厳選したもので、日本を訪れる外国人旅行者の手引きとして愛用されている。

掲載地は、旅行者へのお薦め度という観点で、星なしから三つ星まで分類されている。

三つ星は「わざわざ旅行する価値がある」、二つ星は「寄り道する価値がある」、一つ星は「興味深い」である。

山陰地方で唯一、足立美術館の「日本庭園」は最高評価の三つ星、「足立美術館」が二つ星に選ばれた。一つの美術館で五つ星を持っているのは当館だけである。

○九年九月には英語版が刊行され、国際的知名度が一気に広まっていった。

一二年四月には、グーグルのアートプロジェクトで、美術作品を高解像度の画像や、美術館内をストリートビューで見られるサービスが始まった。

アートプロジェクト（現在は「アート&カルチャー」と改称）は、世界的に評価されている美術館とのユニークなコラボレーションで、芸術作品をオンラインで検索し、驚異的なディテールで鑑賞できるようにしたものだ。

この話をいただいたとき、ほかにどこが参加するのか、わからなかったが、ストリートビューで美術館そのものを体験してもらえると知り、参加を決めた。バーチャルを体験したら、次は必ず本物を見たくなると思ったからである。

日本からの参加は、当館のほかに大原美術館、国立西洋美術館、サントリー美術館、東京国立博物館、ブリヂストン美術館（現・アーティゾン美術館）で、日本を含む世界各国百五十一館、三万点以上のアート作品がインターネットで閲覧できるようになった。

日本の美術館が所蔵する国宝十六件、重要文化財五十一件を含む芸術家三百九名、美術作品五百六十七点の画像が見られる。いずれも日本を代表する美術館、博物館だけが選ばれ、とても名誉なことと喜んでいる。

このとき、「グローバル・ローンチ・イベント」がパリのオルセー美術館で開催され、グーグル社より招待を受け、私が出席した。

会場では、日本からは、東京国立博物館に収蔵されている国宝『観楓図屏風』（狩野秀頼筆／室町〜安土桃山時代）と、足立美術館蔵の『紅葉』（横山大観作／一九三一年）の二作品が紹介され、ストリートビューで館内の様子が放映された。

一四年、大手旅行代理店のＪＴＢが、美術館や芸術祭などを楽しむ旅に関する調査として「アート旅」を実施した。「訪日外国人旅行者にお勧めしたい美術館やアートイベント」と、「人に勧めたい・何度も行ってみたい美術館、今後行ってみたい芸術祭などのアートイベント」のランキングを発表、当館は一位に選ばれた。

「庭園を見ながらお茶が楽しめ、じっくりと日本を感じてほしい」という理由が添えられた。

メディアに取り上げられるというのは、まさに「天の恵み」であり、美術館が果たすべき役割を教えてくれているように思うのである。

ちなみに、そのときのベストテンは以下の通りである。

一位：足立美術館（島根県）
二位：直島（瀬戸内国際芸術祭）（香川県）
三位：箱根彫刻の森美術館（神奈川県）
四位：大原美術館（岡山県）
五位：上野の森美術館（東京都）
六位：国立新美術館（東京都）
七位：奈良国立博物館（奈良県）
八位：根津美術館（東京都）
九位：国立西洋美術館（東京都）
一〇位：金沢21世紀美術館（石川県）

ウェブサイトを開設

今の時代、いいも悪いも含めて、あっという間に情報が拡散される。

ＩＴ社会にあっては、一瞬の油断が命取りになりかねない。オンラインを上手に使ってこそ、生活に役立つ。振り回されては意味がない。

営業活動についても、我々の時代は「脚で稼ぐ」というのが常識だったが、今日ではオンラインによって、いかに効率的に商品を売り込み、あるいは誘致を図っていくか、その対応力が求められている。

美術館でも、当館の魅力を正確かつ迅速に伝えるため、一九九九年、ウェブサイトを開設した。以来、リニューアルを重ね、最新のサイト制作は、当館と関わりの深い日本政策投資銀行のグループ会社である、『ＤＢＪデジタルソリューションズ』にお願いした。そのとき、コンセプトに据えたのが、「世界に誇る美術館」にふさわしいサイトであることだった。

そのためには何よりも、制作会社及び担当者に幾度となく美術館に足を運んでもらい、自分の五感で、当館のありのままを知ってもらう必要があった。さいわい、当館の趣旨をくみ取っていただき、当館のスタッフと微に入り細に入り、議論を重ねてもらった。

一番神経を使ったのは、やはりデザインだった。

日本情趣ただよう気品ある画面、美術館のイメージに沿った色合い、読みやすい文字の大きさや書体など、わかりやすくて親しみやすい、優美でかつインパクトのあるデザインはそのまま、足立美術館のポリシーに通じるからである。

また、定点カメラを設置し、現在の庭園がライブで見られるようにしたり、日本語版とおなじ規模で英語版をつくったり、開催中の展覧会や次回の予告、テレビ放映などの最新情報を伝える、ニュース専用の管理画面などもつくってもらった。

ホームページのアクセスは、日に二千から五千件くらいで推移している。

私は根っからのアナログ人間なので、運営管理は若いスタッフに任せているが、足立美術館の精神だけはしっかりと受け継いでいってほしいと願っている。

美術館の特典として人気があるのは、パートナーズカード会員だ。七千円で、二年間何度でも入館できるほか、同伴者（二名まで）も個人入館料の半額割引になる。館内施設の利用料金が十パーセント割引になり、一回目の入館時に、足立美術館ガイドブックが進呈される。有効期間中、四回入館するたびに喫茶券が進呈される。

さらにパートナーズカードの提示で、提携美術館に割引料金で入館できる。ぜひ、ご購入いただけたらと思う。

［提携美術館］

植田正治写真美術館

愛媛県美術館

尾道市立美術館

サントリー美術館
島根県立石見美術館
島根県立古代出雲歴史博物館
島根県立美術館
ＤＩＣ川村記念美術館
広島県立美術館
広島市現代美術館
ひろしま美術館
山口県立美術館
山口県立萩美術館・浦上記念館

また、新たな話題として、世界最大級の旅行サイト『トリップアドバイザー』でも、当館が日本を代表する観光名所として認定された。

『トリップアドバイザー』は、旅行者が投稿した口コミ情報などをもとに、優れたサービスを提供する世界の観光名所や宿泊施設などに対し、「エクセレンス認証」を授与するというもの。同制度が二〇一一年から発足して五年目を迎えた一五年、五年連続して認定されたことを受け、当館は殿堂入りをはたした。

アップル社の創業者スティーブ・ジョブズ氏は、ニューヨークのホイットニー美術館やメトロポリタン美術館を訪れ、絵画に囲まれながら、マーケティングやアイディアのメモを取っていたという。

優れた美術品に接することは、感性を磨くばかりでなく、精神を刺激する。

時代をリードする世界の指導者も、芸術がもたらす恩恵を体感しているというのは、示唆に富んだ、じつに興味深い話である。

第十五章

人生百年時代

人生は七掛け

「人生百年時代」という言葉を、よく耳にするようになった。

私が成人した頃は、日本人の平均寿命は、男性が六十八歳、女性が七十四歳くらいだった。まさか百歳まで生き延びる時代が来ようとは思いもしなかった。

厚生労働省が二〇二三年（令和五年）七月に発表した、前年（二二年）度の「簡易生命表」によると、日本人の平均寿命は、男性が八一・〇五歳、女性は八七・〇九歳という。前年に比べて、若干下回ったのは、コロナ禍の影響もあるようだ。

一説によると、先進国では二〇〇七年（平成十九年）生まれの二人に一人が一〇〇歳を超えて生きるようになるとか。

人類の寿命はどこまで延びるのだろうか。

かく言う私も古希はとっくに過ぎ、喜寿を迎えようとしている。「古希」とは、「古来、稀にみる年齢」からきているそうだが、七十歳はいまや当たり前、働き盛りという人さえいる。最近、膝をちょっと悪くして、歩くスピードが遅くなったものの、今のところ、さしたる支障はない。

私の処世訓でいえば、実年齢の七掛けでいきたいと思っている。七十七歳なら五十四歳、八十では五十六歳の気持ちでいこうというわけである。これはあながち強がりではない。いまどきの後期高齢者の元気さは昔の比ではない。そのうち六掛け、五掛けという時代が来るかもしれない。

作家の五木寛之氏は百歳人生を唱え、五十代は「事始め」、六十代は「再起動」、七十代は「人生の黄金期」、八十代は「自分ファースト」、九十代は「妄想のとき」だという。

九十代の「妄想のとき」には苦笑させられた。祖父が最晩年、妄想に近いような夢を口走っていたのを思い出したからだが、逆に、なるほどと感心もした。

生涯現役でありたいとは、多くの人が願っていることだろう。

私もかくありたいと思っているが、加齢による体力の衰えは避けようがない。何事も、介護や寝たきりにならない、健康寿命あっての物種である。

認知機能を維持するために大切なのは、運動や食事をはじめとした生活習慣を見直すことだという。何に対しても趣味のように楽しんで取り組むのがいいらしい。

私の趣味の一つにゴルフがあるが、中高年にとって、ゴルフは最適なスポーツと言われる。適度な運動量なので、体に負担がかからない。自然の中を歩くことでウォーキングと同様の効果が得られる。生活習慣病の予防、改善の効果があるというわけである。

さらにゴルフは、個人スポーツでありながら、仲間たちと一緒に楽しむ事ができることから、営業まわりとして利用できるのもいい。

しかし、祖父にはゴルフをやるとよく叱られた。コンペで優勝でもしようものなら大変だった。仕事をほったらかしにして、棒振りにうつつを抜かしおって、とでも思ったのだろう。こちらは営業の一環としてやっているつもりでも、祖父には聞き入れられなかった。

祖父が亡くなったあと、米子空港のレストランに勤めていた妹尾学さんを、営業に引き入れた。妹尾さんは遊び人風のところがあったが、ゴルフがすごくうまかった。そこでゴルフ接待を後押しした。

「シングルの妹尾さんと一緒にまわりたい」という人がたくさんあらわれ、営業成績も伸びていった。

適材適所とあるように、その人の長所を見極め、生かすのが人事の極意だろう。

長寿の相

接待と言えば、酒のもてなしもやめるよう、祖父によく言われた。

酒に頼るな、というわけだが、酒の席で楽しい時間を共有できたら、絆が深まり、おたがい信頼関係が増すというものだ。酒は、人間関係を円滑にしてくれるコミュニケーションツールの一つだと私は思っている。

もっとも、酒は両刃の剣で、酔って座を乱しては元も子もない。飲み過ぎない、自分を見失わない、それが肝要なことは言うまでもない。

思えば、足立家は長命で、酒好きの血筋のようだ。酒の接待はやめろ、と言った祖父も昔はかなり飲んだらしい。

私が十二歳の時、祖父の還暦祝いをやった。その折、がんの疑いがあり、それを機に祖父は酒を控えるようになった。祖父は自制心があったので、父のように酒に溺れることはなかった。酒は百薬の長ともいわれるが、私も妹もいける口である。酒が過ぎて六十一歳で逝った私の父を除けば、みんな長生きしている。祖父の姉妹は百歳まで生きた。

妹の大久保説子は、祖父が遺した『㈱日美』（大阪市中央区）の代表取締役に就いている。飲み始めたら止まらないところがあるが、いたって健康である。健康診断を受けても、いつも「どこも異常なしやわ」とあっけらかんと言う。最近になって止めたが、長くたばこを吸っていたので、ちょっと信じがたいが、肌つやを見る限り健康そのものだ。

私も若い頃は、午前様はしょっちゅうだった。それでいて二日酔いになることはほとんどなかった。といっても、毎日のように飲み歩いていたわけではないが。

最近は週に三、四日、長いときは一週間くらい、アルコールを抜いている。

もちろん、健康を気遣ってのことだが、十数年前、皆生温泉の『華水亭』で日本酒を飲んでいたとき、突然意識を失い、救急車で運ばれたことがあった。

急性アルコール中毒かと疑ったが、はっきりとした原因がわからなかった。それからしばらくして、ふたたび日本酒を飲んだら、同じような症状に襲われ、即「日本酒厳禁」のドクターストップがかかった。日本酒に対する免疫力が失われたらしい。

ただ不可解なのは、日本酒以外のアルコール類なら、何を飲んでも平気だということだ。気分が悪くなったり、悪酔いしたりすることもない。

そんな事情もあって、近年はウイスキー一辺倒である。とりわけ愛飲しているのはジャックダニエルのグリーンラベル。飲み方はもっぱらオンザロックで、寿司屋でもバーでもそうである。ただ、グリーンラベルのボトルが国内では入手が難しくなっており、気をもんでいる。

しかし、本音を言えば、日本酒が飲めないのは何ともつらい。

寿司屋のカウンターで、まわりがおいしそうにお猪口を傾けているのを見ると、切ないというか、情けなくなってくる。鮨、刺身にはやはり日本酒がいちばんだ。

日本酒への未練はいまだ絶ちがたいものがある。とはいえ、妹や娘たちから、日本酒を飲んだら死ぬよ、と脅されているので、じっと我慢するよりない。

これからの時代、長寿社会を生きる心得が必要になってくる。

自衛本能

私の趣味で、ストレス発散になっているのがカラオケだ。

資金繰りに思い悩み、ノイローゼになりそうだったとき、それをやわらげてくれたのがカラオケだった。近年の研究では、歌うことにより、ストレスが軽減することが実証されている。「健康カラオケ」という言葉もあるほどだ。

日常的に歌っていると、口のまわりの筋肉が増強され、加齢とともに衰える嚥下《えんげ》機能がアップするとか。心と身体の手軽なサプリメント、それがカラオケというわけだ。

ゴルフにしてもカラオケにしても、私の場合、好きでやっているだけのことだが、健康管理や加齢防止に役立っているとしたら、自衛本能が強いのかもしれない。

私のカラオケは、なじみのバーかスナックで歌うのが常である。

コロナ禍もあって、最近はあまり顔を出していないが、行けばたいてい二十曲から三十曲くらい歌う。歌うのは主に石原裕次郎、舟木一夫、五木ひろしだ。私の青春時代にはやっていた曲を歌っていると、気持ちが若返ってくる。

私が行く店には、得点機能がついており、九十五点以上が出ると、ボトルを一本、サービスしてくれる。そんな点数はめったに出ないが、ごくたまに出ることがある。

何年か前、松江の島根県民会館で、「舟木一夫コンサート」があったので聴きに行ったことがある。生の歌声を間近で聴き、感じるところがあって、その夜、カラオケで歌ったところ、立て続けに九十五点が出た。ライブの効果は絶大だと、その時思ったものだった。やはり、生の声を聴くに越したことはない。

その伝でいえば、美術館もまた「本物」を展示しているわけだから、ぜひ現地に足を運び、本物の魅力を堪能してもらえればと思う。精神の浄化作用に役立つことは間違いない。

もう一つ、私の趣味といえるのが魚釣りだ。

大阪に住んでいた子供時分、父が運転するオートバイの後ろに乗せてもらい、淀川によく釣りに行った。父も釣りが好きだった。

郷里の安来に帰ってきたときも、母の実家近くの木戸川に一人で釣りに出かけた。フナを釣って帰ってきたら、重吉おじいさんが「おいしい、おいしい」と言って喜んで食べてくれた。釣り竿が遊び友だちだった。

大人になってからは、海釣りによく出かけた。

釣り船に乗って、島根半島の沖合に出たこともある。船を持っている学校の先生に頼んでチャーターした。

私が狙うのはシロイカとかタイ、アジなどで、釣ったら自分でさばき、酒のつまみにする。山陰の魚は日本海の荒波にもまれるので、身がひきしまっておいしい。魚の種類も豊富だ。最近はしかし、船釣りは控えている。膝を悪くして、弾力がなくなってきた。下手をしたら、海へ落ちるかもしれない。過信は禁物だ。

魚を料理するのは、お手の物だ。社会人になって間もない頃、自炊していたのが役立っている。十年くらい前から、自宅にいても、洗濯、炊事、掃除など、身のまわりのことは自分でやるようにしている。毎日のことなので、どうすれば効率よく作業が進むか、頭を使う。

手は「第二の脳」と言われる。手を使うことで、脳の血流量が増加し、物忘れや認知症の予防に効果があるというから、これからも続けていくつもりだ。

大地震に遭遇

「天災は忘れた頃にやってくる」とは、科学者で随筆家の寺田寅彦の言葉である。

日本は昔から、災害大国と言われる。台風、大雨、大雪、洪水、土砂災害、地震、津波、火山噴火など、枚挙に暇がない。

日本に住んでいれば、自然災害は避けて通れない。課せられた運命と、覚悟しておく必要がある。

一九九五年（平成七年）一月十七日、阪神淡路大震災が起きたとき、私は米子の皆生温泉にいた。

前の晩、『ひさご家』で開いた幹部たちとの宴会は大いに盛り上がった。

そのとき、当館の四代目理事長で、『㈱ワールド』の常務取締役だった西岡決隆さんが、

「神戸はほんまにええとこやで。山にも海にも近うて、風光明媚で地震もない。最高の所や」

上機嫌で話していたばかりだった。

『㈱ワールド』は総合ファッションアパレル企業で、本社は神戸にあった。その舌の根が乾かないなかでの大地震だった。

テレビをつけたら、神戸がひどい惨状になっていた。高速道路やビルが倒壊し、あちこちから火の手が上がっていた。信じられないような光景に凍りついた。

本来なら、十七日に運営委員会をやるはずだったが、それどころではなかった。関西から来ていた人たちは、米子空港から伊丹空港に飛んで帰った。地震の怖さを思い知らされた。

今なお記憶に消しがたい、東日本大震災が起きた二〇一一年三月十一日のその時刻、私は福島の山中にいた。庭園部長だった小林くん、庭師の新田くんらと赤松を探しに出かけていたのだった。

私たちはその日、福島空港に降り立ったが、もし仙台空港を使っていたら、もろに地震に遭っていたかもしれない。仙台空港は津波で水浸しになった。

地震が起きる直前、携帯のアラート音がけたたましく鳴った。その直後、激しい揺れに襲われた。地響きのような地鳴りのような、まさに山が鳴るという感じだった。

私たちはしかし、その時点ではこれほど大きな地震とは思っていなかった。すぐに山を下り、旅館に行ったら、客らしい車は全然なかったので、

「きょうは貸し切りで、のんびりできそうですね」

のんきにそんな会話をしていた。ゆっくり晩酌でもやるつもりだった。

旅館も外観を見る限り、ひどいダメージを受けているようには見えなかった。

駐車場にマイクロバスが一台止まっており、従業員らしい人がいたので、

「今夜、予約を入れていた者ですが、泊めてもらえますか」と聞いた。

その人は青ざめた表情で、

「中はぐちゃぐちゃで、とても営業できる状態ではありません。あなた方、これからどうされますか?」と逆に聞き返された。

泊まれないのなら、東京に戻ったほうがいいかな、とみんなで話していると、

「山形の方へ向かった方がいいですよ」と言われた。東京にたどり着けるか、危なっかしいというのだった。

だけど、もし山の中で通行止めにでもなったら、それこそ大変なので、東京に向かうことにし

た。これが大正解だった。途中、何度も渋滞に巻き込まれたものの、なんとか東京に戻ることができ、翌朝一番の米子行きの飛行機に間に合った。ただ、携帯電話は全然つながらなかったので、家族や妹たちはひどく心配したらしい。

というのも、私が出かけた場所が、「福」が付く地名だということで、福岡ではないことだけはわかっていたが、福島なのか福井なのか、わからなかった。

もし福島で、海辺の松でも見ていたら、と気が気でなかったらしかった。子の心、親知らず、であった。

地震と言えば、二〇〇〇年（平成十二年）十月六日、午後一時半、米子ロータリークラブの集まりがあった。会の終了と同時に激しい揺れに襲われた。

左横ずれの直下型地震で、マグニチュード7・3。一九四三年（昭和十八年）の、鳥取地震以来の大きな地震で、境港で6強、米子、安来で5強を記録した。

私は美術館に飛んで帰ったが、さいわい陶器がひっくり返ることもなく、大きな被害はなかった。庭の石灯籠なども無事だった。

しかし、女房はなぜ、すぐ家に帰ってこないのかとヒステリックになっていた。家ではなく、美術館に行ったのが理解できないというのだった。

彼女の父親は国鉄の鉄道公安官で、母親は小学校の教師、おじいさんは小学校の校長先生だった。土、日は家族が一緒に過ごすものだという家庭環境に育っているので、商売人とは生活観が違うのは仕方がないが、美術館があっての生活である。

家が大事なのはもちろんだが、生活の基盤が崩れては何もならない。そこをはき違えてはいけない。

嵐を呼ぶ男

私の海外旅行にはなぜか予期せぬアクシデントがつきまとう。

そのつど、脱兎のごとく走りまわるのが常で、さながら「嵐を呼ぶ男」かと、われながら苦笑を禁じ得ない。『嵐を呼ぶ男』は、私の好きな石原裕次郎のヒット曲だ。

二〇〇五年六月、アメリカの日本庭園専門誌『ＪＯＪＧ』を主宰するダグラス・ロスさんを表敬訪問したときがそうだった。総勢七人、成田からシカゴ経由で、ポートランドへ向かった。

シカゴで一足早く、ポートランドへの搭乗手続きをすませた私は、扇子作家の吉本さんと待合室で、ＴＳＫのカメラマンの岡田くんが来るのを待っていた。しかし、なかなか姿を見せないので、道でも迷ったかと心配しながら、搭乗券を見て青ざめた。

座席のシート番号を搭乗ゲートと勘違いしていたのだった。吉本さんはすべてお任せというふうで、のんびりしていた。

近くにいた女性係員にチケット見せ、片言の英語で聞いてみたら、とんでもない場所にいることがわかった。搭乗ゲートまで歩いて二十分くらいらしかったが、出発時間が迫っていた。このときほど焦ったことはない。

まさしく脱兎のごとく、吉本さんと走ること走ること。だだっ広いオヘア国際空港を二人のおじさんが顔面蒼白にして駆けているのだから、まわりの人間も何事が起きたかと、びっくり眼だった。

息を切らし、汗だくになりながら、何とか間に合った。われわれが座席に座るとすぐに離陸したのだから、まさにギリギリセーフだった。岡田くんはすでに座席に座っていた。私たちの姿が見えないので心配していたという。

女性係員に何をどう話したのか、まったく思い出せない。よくぞ、迷いもせず、搭乗口にたどり着いたと、今、思い出しても冷や汗もののドタバタ劇だった。

二〇〇九年三月、パリで開催された「旅行見本市」に、次女の知美と広報部長の武田航くんと行ったとき、地下鉄の電車内でスリに遭った。

私を取り囲むように三人の男が立ったので、気味悪く思っていたら、電車がホームに着いたとき、一人が私の肩につばをかけた。

「何をするねん」と男の方を振り向いた瞬間、別の男が私の懐から財布を盗み、電車から飛び降りた。一瞬の出来事だった。

私はすぐさま、「待てえ、殺すぞぉ！」と大声を上げながら、男を追いかけた。逃げた男よりも私のほうが足が速かった。

鬼のような形相に怖じ気づいたのか、男は階段の途中から財布を放り投げた。そのため、何も取られずに済んだ。そういうときに、伝来の血が出るようだ。全康さんの遺伝子はめちゃくちゃに強い。

走ると言えば、オーストラリアから帰国したとき、羽田空港にいたTSKの北尾さんのもとに、お母さんが他界したという知らせが入った。一刻も早く帰った方がいい、と電車の時間を問い合わせたら、間に合うかどうかギリギリだった。そのときも北尾さんと空港内を走りに走った。

火事場の馬鹿力ではないが、人間、必死になるとすごいパワーが発揮されるらしい。

強い生き運

海外の珍道中と言えば、知美とロンドンに行ったとき、私は一人、バーで飲んでから自分の部屋に戻った。部屋は別々で、知美は先に寝ていた。

そうしたら、夜中、突然、火災報知器が鳴った。

知美は飛び起きて、一階に下りたが、私の姿が見えない。心配でフロントに電話を入れてもらったが、全然出ない。私はぐっすり寝ていて、そんな騒動があったことさえ知らなかった。まさに知らぬが仏だった。

バカンスでハワイに行ったときも、ホテルの隣のレストランから火が出て、その煙が部屋に流れ込んできた。そのときは気づいて、部屋を飛び出し、あやうく一命を取り留めた。もし気がつかなかったら、と思うとぞっとした。

ダグラス・ロスさんのところへ行ったときは、係官の嫌がらせに遭った。

ポートランドからニューヨークに帰るとき、手荷物検査に手間取り、六人で搭乗するはずが、岡本ママ、丹羽さん、説子の三人が取り残された。空港の係員が意地悪をしたとしか思えなかった。日本人を馬鹿にしているようなところがあった。三人は六時間近く足止めを食らった。

中国の上海に行ったときも、同行の皆生温泉『華水亭』の副支配人だった足立篤信さんが出発時間になっても下りてこない。電話をしても出ないので、ホテルの人に合鍵を使って入ってもらったら、本人はぐっすり寝入っていた。

そのため、出発時間が大幅に遅れ、飛行機の時間に間に合うかどうか、気が気ではなかった。われわれ以上に焦ったのは、バスの運転手さんだった。時計とにらめっこしながら、高速をめちゃくちゃ飛ばした。乗っている私は生きた心地がしなかった。

ことほどに、私の海外旅行にはハプニングがつきものだった。

私の運勢は若い頃はあまり良くなかったが、これから長生きすればするほど、良くなる運勢と出ている。

生き運を大事にしないと、罰が当たるというものだろう。

第十六章

時代に棹さして

山陰の風土に魅せられて

近年、早寝早起きの習慣が身についた。

酒は晩酌程度で、ほどほどに切り上げ、十時には寝床に入るようにしている。もっとも、早寝するようになったのは、若い頃のような無理がきかなくなったからでもあるが。

しかし、おかげで朝のめざめがさわやかになった。

人間は生来、昼行性の動物で、朝の光をキャッチして、体内時計をリセットするといわれる。朝の光には、「セロトニン」という、神経伝達物質の活動を高める働きがあるそうだから、早寝早起きが体に良いことは確かなようだ。別名「幸せホルモン」と呼ばれるのも納得がいく。

さらに起床後、三、四時間は集中力が一日の中で最大になるという。

今の時代、早朝会議を実践している会社がどれほどあるか知らないが、理にはかなっていそうだ。

美術館が開館する前の小一時間、庭園を見てまわるのが私の日課になっている。鳥のさえずりや水音を聞きながら、誰もいない庭を歩いていると、身も心も洗い清められるような気がしてくる。

私が庭園の写真を撮るようになったのは、ただ見惚れているだけではもったいないと思ったからだ。撮り始めてもう十五、六年になる。

素人の手すさびながら、毎日撮っていると、思いもよらないシャッターチャンスに恵まれ、自分でもびっくりするような写真が撮れることがある。

十一月半ばくらいから十二月初めにかけて立つ虹は、ことのほか美しい。気温がぐっと下がった朝がた、山に雨が降って水蒸気が立ちのぼり、東が晴れている、そういう気象条件がそろったとき、美しい虹が立つ。

館内には、庭の四季を撮ったポスターが飾ってある。それはプロのカメラマンが撮ったものではない。私が撮影したものである。その写真に感激して、次回は季節を変えてきてみたいというお客さんが結構多い。中にはポスターを写真に撮り、携帯の待ち受け画面として使う人もいるようだ。

自分でもよく撮れたと思う写真を見るたびに、山陰の自然が私にくれた贈り物のような気がする。

私が愛用しているのは、オートフォーカス一眼レフカメラの「キヤノンEOS R5」だ。デジカメは操作が簡単と思いがちだが、それなりの写真を撮ろうと思ったら、光の加減やシャッタースピード、構図などなど、神経を使う。

ただ、撮った写真をすぐその場で確認できるので、失敗したり、気に入らなかったりすると、消去して新たに撮り直すことができる。フィルムをいちいち装着する必要がないのもありがたい。パソコンに取り込めば色も簡単に補正できる。

風景は自然の所産なので、どんな写真が撮れるかはお天気次第のところがある。それでも、構図やアングルによっては、まったく違う作品になる。

私の場合、祖父と同じように独学自習である。誰かに習ったこともなければ、写真教室に通ったわけでもない。勝手気ままに撮っているに過ぎないが、名画を毎日、見ているので、構図のとりかたやアングルなどは、自然と身についているところがあるかもしれない。

プロ、アマにかかわらず、撮影ポイントやシャッターチャンスは、現場にいる人間が一番良くわかっている。

日本写真界の草分け的存在である秋山庄太郎さんも、「ぼくがいくら撮っても、毎日、富士山を見ている人にはかなわないよ、富士が一番よく見える瞬間、瞬間に立ち会っているわけだからね」と言っていたそうだが、実際、カメラの性能が格段に上がった現在、プロ並みの写真を撮る人は少なくない。

私が撮った庭園写真を当館のウェブサイトで、「フォトダイアリー」として掲載している。庭園カレンダーもすべて私が撮影したものである。

これからも、お客様に喜んでいただけるような写真を撮っていきたい。

映像部を設立

美術館では現在、二十四時間、庭園を映し出す自動カメラがまわっている。二〇一四年から自分の発案で始めた。

夜は真っ暗で見えないが、日の出とともに美術館の庭園がリアルタイムで見られるようになっている。昼間は出てこないが、動物の足跡がいくつもついている。タヌキが出てきたこともある。

映像に関しては、映像部プロデューサーの北尾修さんに一任している。

北尾さんは以前、山陰中央テレビに勤めていた。在職中は、ムービーのカメラマンであり、ディレクターでもあった。二〇一二年（平成二十四年）に美術館に来てもらうことになった。

北尾さんがテレビ局に勤務していた当時、同社の社長だった田部長右衛門（田部智久）さんが度量の広い方で、当時四台しかないムービーのカメラを、北尾さんに自由に使わせていた。

そのおかげで、一九八一年（昭和五十六年）、記録用として「全康さんのひとり言」を撮ってもらった。それがいま貴重な資料、遺産となっている。

祖父はそのとき、撮影機材を見て、

「あんた、ええもん持ってるなあ」と目を輝かせていた。当時、全康さんは八十歳を過ぎていたが、そういう新しいものに対する嗅覚は天性のものがあった。

映像部のスタート時から、最新のハイビジョンの機材を購入したが、現在は4Kの機材を揃えている。北尾さんは撮影ポイントを熟知しているので、好きな時間に、好きなように撮ってもらっている。

庭園だけでなく、絵画作品も三百点くらい撮影した。4Kはフルハイビジョンの4倍の画素数なので、より鮮明な映像が楽しめる。

北尾さんはカメラの仕事がないときは、安来市広瀬町に『SHU』工房を構え、クラフトアートを楽しんでいる。木工作家、インテリアコーディネーター、映像プロデューサーと多彩な顔を持つマルチ人間だ。

4Kで撮った映像は、横山大観特別展示室の入り口で流している。ナレーションは元NHKアナウンサーの石澤典夫さんである。

石澤さんはNHKの看板アナウンサーだった。『ニュース9』『ニュース7』『おはよう日本』などの報道番組キャスターを務め、二〇一七年、退局しフリーに転身。その後、大阪芸術大学放送学科アナウンスコースの教授をつとめている。

石澤さんとの出会いは、二〇〇〇年にさかのぼる。

のりのり会　左より石澤典夫氏、吉本忠則氏、足立隆則

『新日曜美術館』に当館が取り上げられることになった折、日本画家の平山郁夫先生と一緒に来られたのがきっかけだった。石澤さんはそのとき、同番組のキャスターをされていた。

足立美術館の印象について、平山先生から、

「聞きしに勝る美術館ですね」

と最高のお褒めの言葉をいただいた。

平山先生の作品では、『祇園精舎』（一九八一年作）が当館の所蔵になっている。「阿弥陀経」を説く釈迦と、話に聴き入る弟子たちの姿が光と影で表され、宗教的神秘感が息づく名作である。

石澤さんとはその後、上京した折には、扇子作家の吉本さんを交え、飲み交わすのが慣わしになっている。三人とも名前に「のり」が付くので、「のりのり会」と名付けている。私の大切な相談相手であり、飲み友である。

これから先、どれほど現役でいられるかわからないが、波長が合う人と中身の濃い仕事をしたいものである。

オーストラリアを表敬訪問

美術館に映像部をつくったのは、二〇〇四年、オーストラリアのドン・バークさんを表敬訪問したのがきっかけだった。

バークさんは、『バークス・バックヤード』という、園芸関係の番組を持っていた。その番組で、日本庭園の企画が持ち上がり、足立美術館の庭が絵になるということで、取り上げてもらった。時間は短いものだったが、評判がとてもよかったらしい。

放映からしばらくして、オーストラリアにいた次女の知美の友達から、「いま、こちらで足立美術館が話題になっているよ」とメールがきた。

オーストラリアといえば、南半球で最も広い「カウラ日本庭園」が有名だが、メルボルンやキャンベルタウン市は、日本の都市と姉妹都市になっており、日本庭園とはなじみ深いものがある。

前年、アメリカの日本庭園専門誌で、当館の日本庭園が日本一に選出された際、オーストラリアの庭師さんが審査員になっていることもあって、私、妹の大久保説子、知美、北尾さんの四人でバークさんを訪ねた。会社はシドニーにあった。

バークさんの会社は、番組の企画からキャストの確保、撮影、録音、音響効果、編集まで一貫してこなす、いわゆるプロダクションだった。

制作現場を見せてもらったところ、細かいブースがいくつもあった。そのなかの映像部門を見て、自分のところでもやろうと思った。

北尾さんも、定年退職したら、ライフワークとして足立美術館の庭を撮りたいと言っていたので、願ったり叶ったりだった。ただ、北尾さんは定年後、関連会社のＴＳＫエンタープライズの社長に就任したので、その二年後に美術館に来てもらった。

余談だが、オーストラリアに行ったとき、手土産としてご夫妻に扇子を贈った。

その扇子は、現在、足立美術館の理事になってもらっている、扇子作家の吉本忠則さんの作品である。

扇子を開こうとしたとき、バークさんが割り箸を裂くようにして開こうとしたので、思わず、

「あかん、あきまへん」

と、とっさに大阪弁が出てしまった。

日本人にとっては当たり前のことだが、扇子の開き方、閉じ方一つを取ってみても、日本人の先人の知恵、発想は素晴らしいものがある。

その夜、こちらの接待ということで、レストランに行った。

バークご夫妻だけでなく、スタッフみんながついてきた。全員で十数人になっただろうか。ワ

インを何本空けたか、わからない。会計のとき、クレジットカードの限度額が不足と言われて焦った。よほど高級なワインを飲んだにちがいない。

お客さまファースト

美術館の知名度が上がるにつれて、いろんな企画の提案や問い合わせが多方面から寄せられるようになった。

結婚式をやらせてもらえないかとか、庭で音楽会が開けないかとか、ライブをやりたいとか、内容は様々だが、すべてお断りさせていただいている。

当館は祖父の遺言を守り、年中無休を掲げ、お客様を最優先している。お客様第一、お客様とともに、というのが鉄則である。

金沢の兼六園とか岡山の後楽園、高松の栗林公園などは、園内を歩きまわるようにつくられているが、当館の庭は散策するようにはつくられていない。一枚の絵画として鑑賞するように設計されている。

そうしたなかで一度だけ、特別に許可したことがある。

岡本みね子ママから、一九九六年公開の映画『風のかたみ』（原作・福永武彦）の撮影に庭を使わせてほしいというものだった。

製作は喜八プロダクション、企画製作は岡本ママ、監督・脚本は髙山由紀子（日本画家・髙山辰雄さんの長女、二〇二三年に他界）さんが手がけるということで、協力しないわけにはいかなかった。髙山さんにとっては初めての監督作品でもあった。

ストーリーは、女陰陽師《おんみょうじ》と出会い、数奇な運命を歩むことになる若者の情熱的な恋を描いた歴史ドラマ。キャストは岩下志麻、坂上忍、高橋かおりさんほか。シナリオを読んだ岩下志麻さんが出演を希望したという。

美術館の庭が平安時代にタイムスリップし、幻想的な映像美に魅せられたが、第三者の企画に協力したのはこれ一度きりである。

足立美術館はどこまでも、お客様ファーストが基本である。

時代の波

私の主な仕事の一つは、お客様の生の声を聞くことにある。館内を歩きまわりながら、それとなくお客様同士の会話に聞き耳を立てている。

生前、祖父はよく言っていた。

「館内をできるだけ歩いて、お客さんがどんな話をしているか、よく聞いて美術館づくりに役立てろ」と。

亀鶴の滝

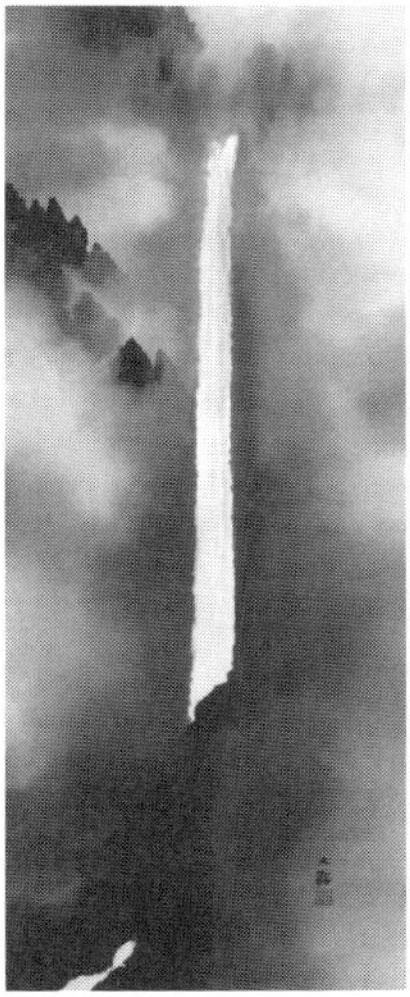

横山大観「那智乃瀧」

家族やグループで来られているお客さんが、庭を眺めたり、絵を見たりしているとき、またミュージアムショップや喫茶室で、どんな話をしているか、それとなく耳を傾けろというのだった。

「身銭を切って足を運んでくれた人の声にうそ偽りはない」

それが祖父の信念であり、戒めだった。

お客さんの声を拾い上げ、参考にするというのは、客商売の人間としてはごく当たり前の話である。

現在、美術館の見どころの一つになっている「亀鶴の滝」も、もとはと言えば、お客さんが立ち話しているのを小耳にはさみ、それを具体化したものだ。

「亀鶴の滝」は一九七八年（昭和五十三年）、日本三名瀑の一つである「那智の滝」を描いた、横山大観の水墨画『那智乃瀧』（当館所蔵）をイメージしてつくった。現在では美術館の見どころの一つとなっている。

祖父は何事も、思いついたらすぐにやりたがる気性だった。そのためあとで悔やむことも少なくなかったが、先見の明はあった。そういう意味では、商売人というよりも、事業家といった方があたっているように思う。

多くのコレクターは、自分自身の嗜好、道楽のために作品を秘蔵するが、祖父は自分の遊びのためには使わなかった。みんなに見て喜んでもらいたいと考え、それを実践した。滝の話を聞いたときも、天性の勘がひらめいたようだ。

周囲の反対をよそに、美術館内に喫茶室をつくったのも、「生の額絵」を思いついたのも、どうすればお客さんに喜んでもらえるか、それが頭にあったからである。

当館のスタッフは現在、総務、財務、事業、学芸、広報、営業、庭園、映像の各部署によって構成されているが、部署の壁や立場の違いを越えて、自然なコミュニケーションが生まれる環境をつくることが急務である。

私自身、ＩＴの世界は日進月歩で、進化のスピードについていけないところがある。しかし、泣き言を言っても始まらない。時代の波に乗り遅れてはいけない。

美術館の運営も、ハードへの対応だけでなく、時代の要請とあれば、素早く対応しないといけない。それには若い人の柔軟な発想が必要だ。

時代に棹さしながら、お客さんの目線で物事を考える。美術館の運営には欠かせない戒めである。そのための意識改革をはかっていきたい。

第十七章

世界が認めた美の宝庫

美術鑑賞の効用

二十一世紀のキーワードの一つは、〝人間性の復権〟ではないだろうか。人間の魂に訴えかける「芸術文化活動」の重要性が、再認識されるのがこれからの時代だろうと私は見ている。

インターネットの普及はわれわれの暮らしを豊かにする、メリットの面ばかりが強調されているが、そのことによって失われる、あるいは忘れ去られるものがあるにちがいない。

私は常々、二十一世紀はソフトの充実が叫ばれるようになると進言してきたが、ＩＴ社会が浸透すればするほど、人々は心の平安を求めるようになる。自然への回帰、手わざへの郷愁がそれである。

先人が遺してくれた「芸術作品」を大事に守り、後世に伝えていくことは、現代を生きる私たちの責務だと思う。

そのことを思わせるような取り組みがすでに始まっている。

世界保健機構（ＷＨＯ）は、二〇一九年（令和元年）の報告書で、三〇〇〇以上の研究機関の成果に基づき、芸術が病気の予防や健康増進の面で、大きな役割を担うと指摘。実際、心の不調に苦しむ患者さんの治療の一環として、治療薬ではなく、美術鑑賞の効用を説いている。

つまり、芸術に触れる機会を増やすことが、ストレスを軽減させ、かつ精神的安定をもたらすというのである。図らずも、新型コロナウイルス禍により、多くの人にとって、メンタルヘルス（心の健康）が重要と気づかせてくれたといえよう。

どんなに時代が移り変わろうと、人の心が通ったものだけが後の世に残る、と私は信じている。そしてその象徴が美術品だと思っている。

二〇〇六年（平成十八年）、当館は、全国の美術館で初めて、外国人向け案内所『ビジット・ジャパン案内所』の指定を受けた。

これは、外国人観光客の受け入れに積極的であり、外国語対応が可能で、対面式案内、外国語パンフレットの常備といった登録基準をクリアした案内所を、ＪＮＴＯ（日本政府観光局）がビジット・ジャパン案内所として登録するというもの。

私ごとで言えば、二〇〇九年二月、観光庁より『ビジット・ジャパン大使』（旧称ＹＯＫＯＳＯ ＪＡＰＡＮ大使）に任命された。

選考基準は「外国人旅行者の受入体制に関する『仕組み』の構築や、外国人に対する日本の魅力の『発信』といった外国人旅行者の訪日に関する優れた取り組みをされた方々」で、中国地方では初めてとのことだった。

現実的にはまだ東京や京都、大阪、広島をまわるコースが一般的だが、今後は日本に来たら、まず足立美術館に行こう、というのが定番となるよう、観光客の誘致に取り組んでいきたいと思っている。

島根県知事として最長の五期二十年を務められた澄田信義さんが在職中、

「安来市は昔は、安来節が有名だったが、いまは足立美術館が全国的に有名になっています」と言われた。

その安来市は二〇二三年（令和五年）二月、台湾の新北市新店区と友好都市協定を結び、今後、観光や経済での連携を進めることになった。

新北市は、台湾最大の都市・台北市に隣接するベッドタウンで、新店区は人口約三十万人、電子機器などの製造業が盛んな地域として知られている。

この友好協定は、二〇〇七年、当時の新店区のトップが当館を訪れ感銘を受けたのがきっかけだった。

台湾との交流は、安来市や松江市などでつくる中海・宍道湖・大山圏域市長会が台北市との連携を続けており、今後、圏域全体でさらに交流が進むことが期待される。

観光立県を目指して

美術館では外国人客の誘致に乗り出している。アジアでは、香港、韓国、台湾、欧米ではアメリカをターゲットに、航空会社や旅行代理店とタイアップし、動員に努めている。

美術館としての目標は、年間入館者数が五十万人の時、その一割が外国人客であることだが、未だ果たしていない。なんとか実現したいと思っている。

世界はいまや、オンラインだけではなく、リアル社会においてもいちだんと近くなった。ビジネスに遊興に、自家用ジェットで自由に行き来する時代になった。プライベートジェットを、自家用車感覚で利用する人も増えている。

こういう時代でもあり、世界の要人がプライベートに米子空港に来てくれることを願っている。これはあり得ない話ではない。羽田にしても関西空港にしても、駐機場の枠は目いっぱいだが、米子空港はまだまだ余裕がある。

十年くらい前、米子空港の関係者に相談したら、枠があいているとのことだった。都市圏よりもローカル空港のほうが融通性がある。

米子空港で言えば、中海を渡る橋ができるかもしれない。いま、米子と安来で陳情をやっているが、完成すれば、空港から美術館まで二十分ちょっとで来られる。アメリカからだと、西海岸から米子までノンストップで行き来できる。叶うことなら、マイクロソフトの共同創業者で慈善家のビル・ゲイツ氏に来てほしいと思っている。ゲイツ氏は軽井沢に別荘を持ち、日本の盆栽を買い求めに来るくらいだから、足立美術館の庭園に興味を抱いてくれるのではないかと期待している。

ゲイツ氏は、仕事の成功の秘訣について、

「成功の鍵は、的を見失わないことだ。自分が最も力を発揮できる範囲を見極め、そこに時間とエネルギーを集中することである」と述べている。

私もぶれることなく、自分が信じた道を貫き歩いて行くつもりだ。

観光庁が二〇二四年一月三十一日に公表した、二〇二三年の宿泊旅行統計（速報値）によると、国内のホテルや旅館に宿泊した日本人と外国人は延べ五億九千三百五十一万人だった。過去最高だったコロナ禍前とほぼ同水準にまで回復した。航空便の増便や、円安に伴う訪日客数の増加が追い風となったとみられる。

これまで東京、大阪などの大都市や、京都、奈良といった有名観光地に集中し、観光主要都市と地方との格差が問題となっている。しかし、政府観光局によると、三大都市圏よりも地方の外国人宿泊者数の上昇率の方が大きいという結果が出ている。

実際、神話のふるさと出雲、神々の宿る出雲大社、尼子一族と月山富田城、松平不昧公と松江城、小泉八雲記念館、石見銀山、津和野……と、島根県は観光資源の宝庫と言っても良い。

地方経済の活性化は、日本経済全体の底上げにつながる。

観光客のニーズが多様化し、専門化する中で、いかに魅力ある空間、時間、サービスを提供できるか、当館もたゆまぬ努力と知恵が求められている。

庭の管理やコレクションの充実をはかるだけではなく、ＩＴ社会への対応、喫茶やショップの充実、職員の教育、足の便への配慮、トイレや駐車場の整備、バリアフリー化など、気を使わねばならないことは山ほどある。

何度でも足を運びたくなるような美術館になるには、新たな知恵とチャレンジ精神、柔軟な発想が必要だ。

不思議な魅力

私は子供の頃から、勉強はあまり好きではなかった。何か一つのことに熱中するということもなかった。人目を引くようなパフォーマンスはなおのこと、性に合わなかった。しかし、広く浅くやってきたのがかえってよかったかもしれない。

能力のない人間が一生懸命やっているのだから、助けてやらないといけない、とまわりの人が応援してくれる。援助の手を差し伸べてくれる。今日の私があるのは、そうした人たちのおかげだと、ほんとうにそう思う。

これまで幾多の試練に直面しながらも、こうしてなんとかやってこられたのは自分の力だけでは決してない。家族を初め、親戚縁者、知己友人の方々の有形無形のサポートがあればこそである。

全康さんがお世話になった方々と、私がいまなお交誼を結ぶことができるのは、おじいさんの威光がそれほど強いということだろうか。それが血というものであろうか。

振り返ってみると、足立家は個性的な人間が多い。

血の気が多いのがいたり、料理人がいたり、また手先の器用な職人肌の人間がいたり……と種々雑多である。

芸術的センスについても、おじいさんは絵を描かせたらうまいし、おじいさんの姉のカメさんも織物が好きだった。自分で図案を描き、安来絣ののれんや着物を織っていた。庭園についても、曾祖父の覚市さんは庭いじりが大好きだった。

私と妹はその点、芸術的素養がないように思っていたが、遅ればせながら、私もこの歳になって庭の良さがわかってきた。庭師さんと一緒に赤松を求めて、全国をまわるようになった。妹もおじいさんに鍛えられ、美術品を見る目がしっかりしている。自分たち兄妹は遅咲きなのかもしれない。

それもこれも、祖父の遺伝子からきているように思われる。

祖父にはたしかに、人を引きつける不思議な魅力があった。

無鉄砲と言ってもいいくらい、わがままを貫いているのに、なぜか不思議と全康さんのまわりに人が集まってくる。それも社会的に立派な方々が信頼を寄せてくる。憎む人がほとんどいないのは、不思議というよりほかない。

それは外面が良かったから、というような話では決してないだろう。

我執をもたず、私利私欲に走らず、何事も、よかれと思って必死で取り組むその姿が、人々の共感を呼び、応援なり、協力の手を差し伸べさせたのではないだろうか。

自分で言うのも何だが、そういうところは祖父に似ているような気がする。

祖父は破天荒な生き方を貫いたようにみえるが、根は正直で、真面目な性格だった。私も性格的に真面目なほうだと思っている。

余計なことは考えず、愚直に、こつこつと取り組む、それが自分の取り柄であり、歩むべき道だろうと信じている。

個性派ぞろい

二〇〇六年六月、私は美術館のすぐ近くに居を構えた。

それまでずっと米子に住んでいたが、二〇〇〇年の鳥取県西部地震で被災したのを機に、引っ越しを考えていたところ、美術館の近くに良い土地があったので家を新築することにした。

一日の大半を美術館で過ごす私にとって、職住近接は移動の手間が省けて何かと便利である。何かあったとき、すぐに駆けつけられるのもいい。

私には二人の娘がいる。長女の直子は当館の理事として、次女の知美は副館長として、美術館とかかわっている。

美術館の営業部長をやっている足立孝司は直子の夫で、総務部長の足立勇気は知美の夫である。

娘たちがまだ小さい頃、祖父は折あるごとに、

「ええお婿さん、とらな、あかんで」と言い続けていた。

娘にとっては、いわば洗脳のようなものだが、今にして思うと、それは私に向けられたメッセージでもあったように思われる。

現実に、娘たちが婿養子を取り、足立家を継ぐことになったのは、多分に私の思いを汲んでの

ことである。それは元を正せば、美術館の五十年後、百年後を見据えた、おじいさんが私に託した遺命《ゆいめい》だったような気がする。

現在、長女夫婦には息子が一人、次女夫婦には二人の息子がいる。

長女夫婦の一人息子で、私の孫頭にあたる蓮介（二〇一〇年十一月十六日生）は、いま、大阪箕面市にある『アサンプション国際中学校』に通っている。

十一歳のときに、英検で準一級に合格したというと、誰もがびっくりする。

英検の準一級といえば、「社会生活で求められる英語を十分理解し、また使用することができる」とうたわれ、難関大学の入試レベルである。身びいきではなく、まさに神童の類いである。

英会話教室に通いながら、オンライン授業を受けていたが、子どもの耳と口はとても柔軟で、聞いた音を忠実に再現することができるという。実際、孫がしゃべる英語は、我々とはまるで違う。外国人が話しているようだ。

世界の足立美術館になるには、これからは語学力が必要不可欠だ。経営学を覚え、日本の文化を習熟し、国際人として足立美術館を支えていってほしいと願っている。

次女の長男である一真（二〇一二年八月一日生）は、サッカーにのめりこんでいる。体は小さいが、運動神経は高いものがある。

地元のサッカークラブに入り、スペインで毎年開催されている「ＭＩＣカップ」に、山陰エリアの選抜メンバーの一人として大会に参加した経験を持つ。

何事もそうだが、プロとして独り立ちできるのはほんの一握り、奇跡のような話である。実力に加えて、運というものがなければ成功はおぼつかない。それでも夢を持って生きるのは、人間としてとても大切なことだ。

次男の悠真（二〇一七年十月二十八日生）は、絵を描くのが大好きだ。画用紙に向かうときの顔は真剣そのものだ。一心不乱、といえばいいだろうか。テレビゲームなどには見向きもしない。

描くのはもっぱら、恐竜とか昆虫など、いかにも子供が好きそうなものばかりだが、どれも緻密で、色使いも独特なものがある。鉛筆やペンの持ち方が、筆を持つ手に似ている。ひいき目ではなく、芸術的素養があるように思う。

孫三人、ジャンルはそれぞれ違っても、みんな祖父の血を引いているので、庭や絵を見ていたら、教えなくても感性が養われていく。

美術館では以前、国際化の時代を迎え、簡単な挨拶くらいできるようになれば、と英会話の講習会をひらいたことがある。海外からのお客様も増えてきたことでもあり、これからの時代、語学力を身につければ、日常生活でも役立つだろうと考えた。

英会話はビジネスの世界に限らず、日々の暮らしにあっても普段使いするようになるかもしれない。私自身、英語が話せなくて、海外に出かけるたびに、情けない思いをしたことが何度もある。

英会話のスキルがあれば、外国人との交友範囲もぐっと広がり、ビジネスチャンスも増えるに違いない。孫たちにはぜひ、語学をマスターしてほしい。

世界の足立美術館へ

祖父は生前、「山陰で一番から、やがて関西で一番に、続いて日本で一番の美術館になれば、あとは世界しかない。そうなれば、世界中の人々の目が足立美術館に注がれる」と口癖のように言っていた。

日本から世界へ！

祖父の夢はいつか、私の生き甲斐となり、人生の目標となった。

自分の運勢は若い頃はあまり良くなかったが、長生きすればするほど上向くそうで、開館五十周年にあたった二〇二〇年（令和二年）からは、「天の時到来、思う存分実力発揮のとき」と出た。

コロナ禍でやや出鼻をくじかれた感はあるが、雨降って地固まるという。美しい自然とマッチした足立美術館の魅力を、世界に向けて発信することは、日本文化の素晴らしさを知ってもらうことにもつながる。

「正しいと信じることを行いなさい。結果がどう出るにせよ、何もしなければ何の結果も出ないのだ」というインド独立の父・ガンジーの言葉は、私がやろうとすることへの励ましとなっている。

経済活動が好転するにつれて、来館者も変化の兆しを見せ始めている。

ツアー客が中心なのは変わらないが、シニア世代だけでなく、若いカップルや、二十代三十代の少人数による女性グループをよく見かけるようになった。外国の方々も目に見えて増えてきた。

真に素晴らしいものは世代を越え、国境を越え、時代を越えて、人々の心を打つのだということを、いまあらためて実感している。

手づくりの美、芸術作品の重みを恒久保存していくこと、それが私に与えられた使命であり、役目だと思っている。そのためにも、祖父よりも一日一秒でも長生きすることが、おじいさん孝行につながると信じている。

美術館の社会的使命は、見る喜び、知る楽しさを提供することにほかならない。美術品は心の栄養剤、精神の活力源である。

私がいま、強く願っているのは、足立美術館の名前をより広く世界に周知してもらうことである。

フランスのルーブル美術館はいまや、世界で一番知名度が高い美術館だろう。パリに来たら、ほとんどの人が必ず訪れるほどの人気を誇っている。

足立美術館もまた、ルーブルのそれと同じように、日本に来た外国人の誰もが訪れる、日本旅行の本流、定番にしたい。

世界が認めた美の宝庫、それが足立美術館であるとの誇りと自覚を持ち、気張らず、焦らず、一歩ずつ堅実に歩んでいきたい。

新しい時代に向かって、足立美術館の挑戦はすでに始まっている。

あとがき

足立隆則

本書は当初、開館五十周年に合わせるつもりでしたが、記憶が曖昧だったり、事実確認や時代考証に手間取ったりして、予定は大幅にずれ込みました。

そんなさなか、「新型コロナウイルス感染症」がまん延し、執筆を一時ストップせざるを得なくなりました。

世界を震撼させたコロナウイルスは想像を超える感染力で、終息が見通せず、当館もかつてない危機に直面しましたが、あとから思えば、非常時における心構えや対処法を体験できたことは、不幸中の幸いだったのかもしれません。

結果的に、書き上がったのが開館五十五周年にあたったことで、むしろ時宜を得たものになったように思います。もし、コロナ禍前に脱稿していたら、なんとも間の悪いものになっていたに違いありません。

表題に掲げた『庭園日本一　足立美術館の挑戦』は、「世界に誇れる美術館にしたい」という祖父の熱い思いを伝えると同時に、祖父の遺志を引き継ぎ、後世に伝え遺したいとする私の覚悟と決意を込めています。

いま、これまでの自分を振り返ってみて、あらためて思うのは、祖父の存在がいかに大きかったかということです。若い頃、常人離れした祖父になじめず、恨み辛みをつのらせた時期もありましたが、後年、美術館に寄せる祖父の一途な思いにふれ、気持ちを新たにしました。

祖父はどこまでも前向きで、思い込んだら命がけという激しい気性の人でした。夢の実現のためには労苦を惜しまず、決して倦むことはありませんでした。そうした気概、迫力には頭が下がるものがありました。

本書を書き起こすにあたり、自分を語るとは、人さまについて語ることであり、同時に、自分が思っているほどには、その人のことをよく知っていないという現実を思い知らされました。そのため、原稿も遅れがちになりました。

思えば、祖父は人との出会い、付き合いをとても大切にしました。

実際、祖父のまわりには名士、名家と言われる人たちがたくさんいました。胸襟を開かずして、良好な人間関係が築けるはずはない。人望なくして、人が集まるはずはない。祖父はそのことを身をもって教えようとしたのかもしれません。祖父の生きかたを通して、私は人生の要諦を学んだように思います。

本書では、祖父と過ごしたそれぞれの時代を振り返りながら、祖父の代からお世話になっている方々をはじめ、私が出会い、知遇を得た多くの先輩、知己友人の方たちについて書かせていただいています。

みなさん、今日の私を語る上で欠かせない大切な人たちですが、私はどちらかというと、思い込みが激しいところがあり、もしかしたら事実誤認や思い違いがあったりして、ご迷惑をおかけした部分があるかもしれません。その際はどうかご容赦いただければと思います。

本書の出版にあたり、一方ならぬお世話になりました日経ＢＰ（日経経済新聞出版）の白石賢さまをはじめ、関係各位に心よりお礼申し上げます。

〈著者紹介〉

足立隆則（あだち・たかのり）

公益財団法人足立美術館代表理事・館長。1947年島根県安来市生まれ。甲南大学経営学部卒業後、東京の企業へ就職し、美術館とは縁のないサラリーマン生活を送っていたが、祖父の足立美術館創設者・足立全康に嘱望され帰郷、美術館に勤務。87年館長就任。2003年理事長就任。11年より現職。09年観光庁より「ビジットジャパン大使」に任命される。

庭園日本一　足立美術館の挑戦

2024年12月12日　1版1刷

著者――――足立隆則

発行者―――中川ヒロミ

発行――――株式会社日経ＢＰ
日本経済新聞出版

発売――――株式会社日経ＢＰマーケティング
〒105−8308　東京都港区虎ノ門4−3−12

装幀――――竹内雄二

ＤＴＰ―――株式会社オフィスアリーナ

印刷・製本――ＴＯＰＰＡＮクロレ株式会社

ISBN978-4-296-12283-7

本書籍に関するお問い合わせ、ご連絡は左記にて承ります。
https://nkbp.jp/booksQA

足立美術館の収蔵作品

横山大観　乾坤輝く　昭和15年

横山大観　霊峰四趣・夏　昭和15年

横山大観　龍躍る　昭和15年

横山大観　海潮四題・秋　昭和15年

安田靫彦　王昭君　昭和22年

上村松園　娘深雪　大正3年

伊東深水　ペルシャ猫　昭和32年

小林古径　楊貴妃　昭和26年

竹内栖鳳　雨霽　昭和3年

橋本関雪　唐犬図　昭和16年頃

橋本関雪　遅日　大正2年

松尾敏男　白糸の滝　平成24年

田渕俊夫　厳島神社　平成30年

那波多目功一　うすれ日　昭和59年

福井爽人　古陽　昭和57年

西田俊英　プシュカールの老人　平成7年

手塚雄二　月明那智　平成22年

松村公嗣　どんど　平成26年

宮廻正明　回帰線　平成21年

國司華子　もののね　平成28年

宮北千織　うたたね　平成14年

井手康人　山乃神　令和3年

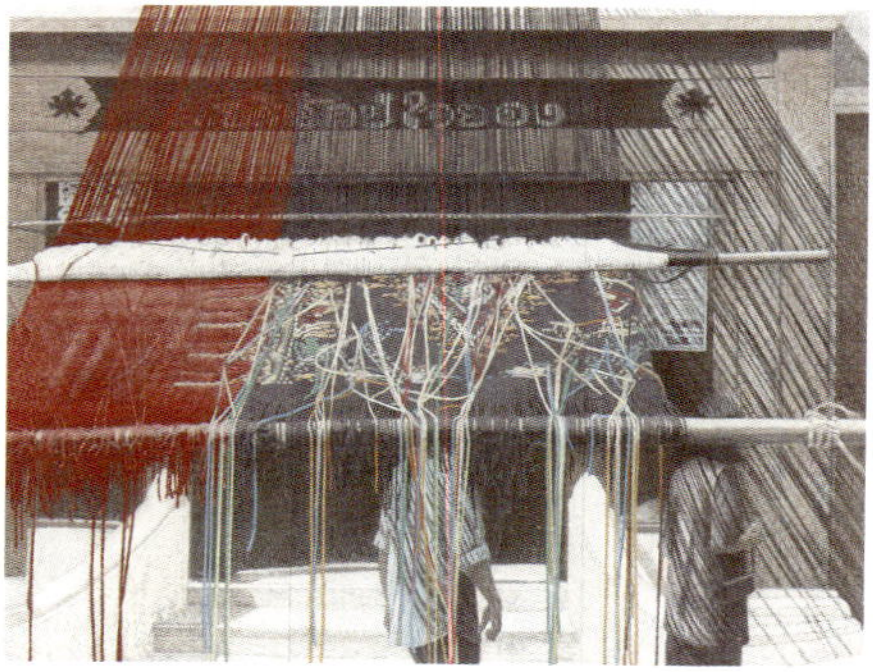

岸野　香　Shower　平成29年

染谷香理　一葉の躊躇い　平成27年

水野淳子 きのうのきょうとアシタ 令和5年

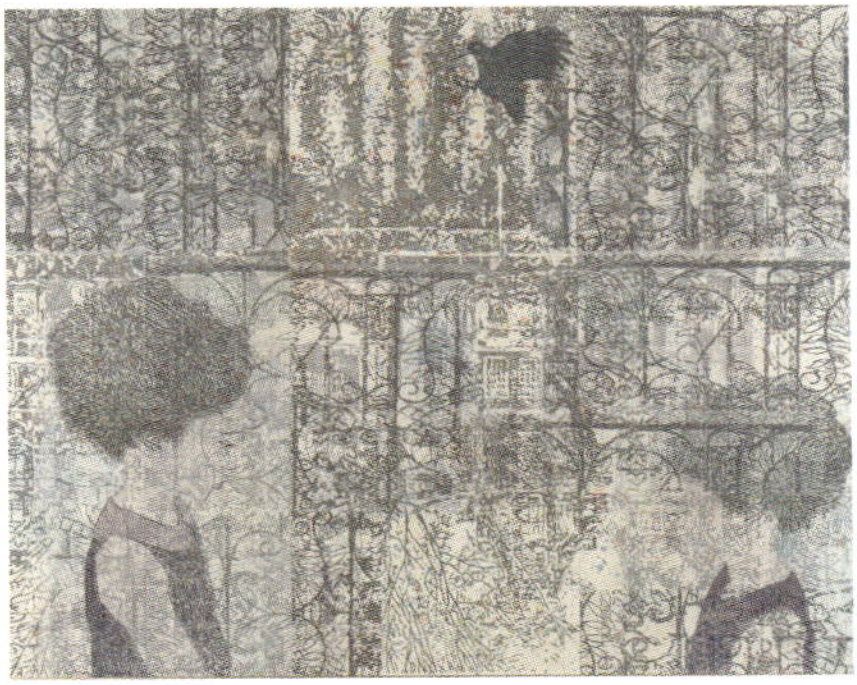

足立知美　醒めない夢　令和元年

北大路魯山人　淡海老鋪　大正2年

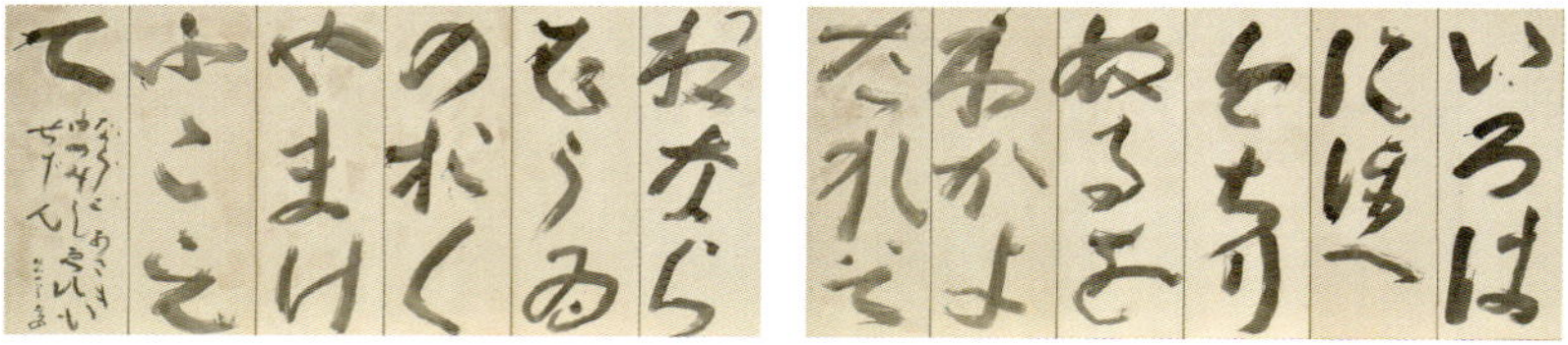

北大路魯山人　いろは屏風　昭和28年

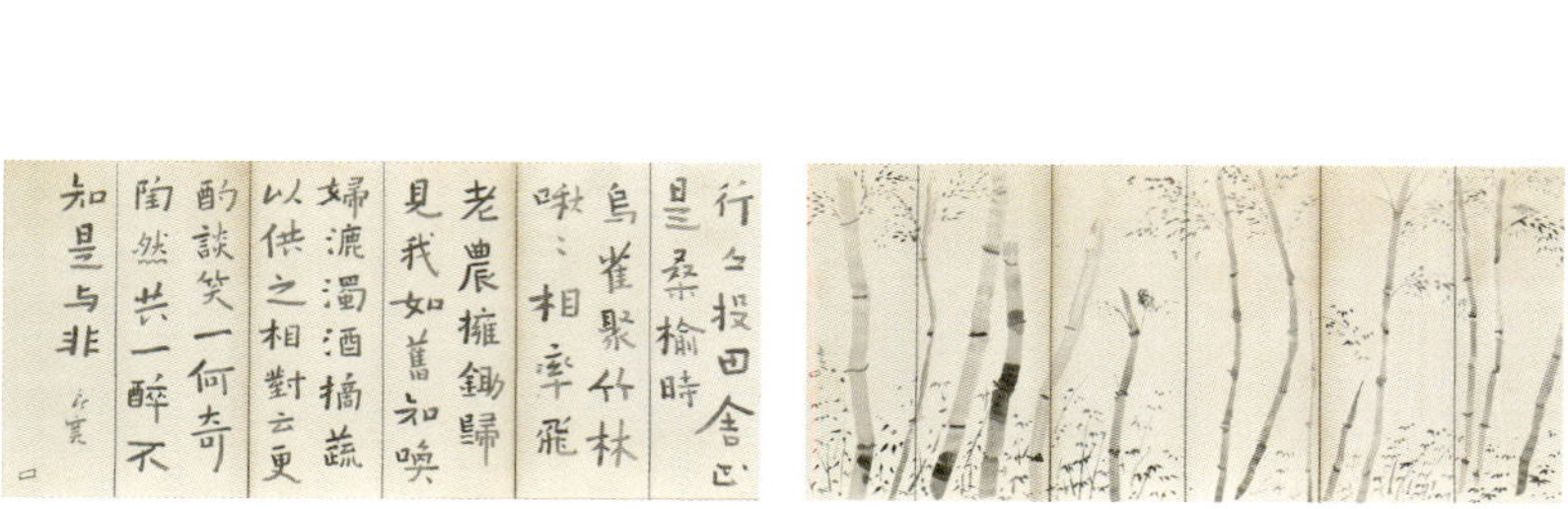

北大路魯山人　良寛詩·竹林図屏風　昭和25～26年

北大路魯山人　武蔵野　昭和12年

北大路魯山人
於里遍あや免花入
昭和27年頃

北大路魯山人
そめつけ詩書花入
昭和15年

北大路魯山人
備前饅頭ヌキ木乃葉鉢
昭和33年頃

北大路魯山人
於里遍長鉢
昭和28年頃

北大路魯山人
乾山風絵変向 十　昭和26年頃

北大路魯山人
かに平向 六人　昭和34年頃

北大路魯山人
赤玉手向付 六　昭和13年頃

北大路魯山人
銀彩牡丹四方鉢　昭和32年

北大路魯山人　上絵福字皿 五
昭和10年頃

北大路魯山人　色絵花入
昭和30年頃

北大路魯山人
染付皿額「福雅美生活」
昭和13年頃

北大路魯山人
さかづき 三
昭和15年頃

北大路魯山人
青於里遍籠形花器
昭和25年頃

北大路魯山人
露堂々高台膳 五客
昭和12年頃

北大路魯山人
桃山風椀 十人
昭和19年頃

北大路魯山人
志野ジョッキ
昭和32年頃

北大路魯山人
日月椀 いつかん
昭和18年頃

北大路魯山人
青金襴手向付
昭和14年頃

高台寺蒔絵料紙箱
明治年間

高台寺蒔絵文台·硯箱
明治年間

三友蒔絵御側箪笥
明治中期

平目地唐山水蒔絵御重手箱
大正～昭和初期

菊縦筋蒔絵御重硯
明治初期～中期

黒地四季草花紋椀·膳
明治後期～大正